Man on the Ocean

Ein Buch über Boote und Schiffe

RM Ballantyne

Writat

Diese Ausgabe erschien im Jahr 2023

ISBN: 9789359255675

Herausgegeben von
Writat
E-Mail: info@writat.com

Inhalt

Kapitel eins.

Leckereien von Schiffen im Allgemeinen.

Es gibt vielleicht keine wunderbarere Erfindung auf der Welt als ein Schiff – ein voll ausgerüstetes, gut bemanntes, gigantisches Schiff!

Wer vertraute Gegenstände in Kunst und Natur als bloße Selbstverständlichkeiten betrachtet und sich nicht die Mühe macht, aus den ausgetretenen Pfaden des Alltagsdenkens auszubrechen, wird die Kraft dieser Aussage vielleicht zunächst nicht spüren oder die Wahrheit anerkennen. Mögen solche Leute versuchen , sich energisch aus diesem ausgetretenen Pfad des Alltagsdenkens zu befreien. Lassen Sie sie die Brauen zusammenziehen und die Zähne zusammenbeißen und unerschütterlich ins Feuer oder in den Himmel blicken und versuchen zu begreifen, was hinter der Idee eines Schiffes steckt.

Was hätten die Menschen von früher gesagt, wenn Sie ihnen erzählt hätten, dass Sie beabsichtigen, das große Holzhaus dort zu nehmen, es aufs Meer hinauszuwerfen und darin für ein paar Tage außer Sichtweite des Landes zu bleiben? „Armer Kerl", hätten sie geantwortet, „du bist verrückt!" Ah! Mancher weise Philosoph wurde nicht nur von den Menschen der alten Zeit, sondern auch von den Menschen der Neuzeit für verrückt gehalten. Diese „verrückte" Idee hat sich längst erfüllt; Denn was ist ein Schiff anderes als ein Holzhaus, das dazu geschaffen ist, auf dem Meer zu schwimmen und mit seinen Bewohnern nach dem Willen des leitenden Geistes über einen spurlosen, instabilen Ozean hin und her zu segeln, monatelang? Es ist ein autarkes, bewegliches Hotel am Meer. Es ist eine Oase in der Wasserwüste, die so geschickt angelegt ist, dass sie gegen Wind und Gezeiten vordringen und die wildesten Stürme – die bitterste Wut von Winden und Wellen – überstehen kann. Es ist der Wohnsitz einer Gemeinschaft, deren Land vorerst das Meer ist; oder es handelt sich, wie im Fall des Dampfschiffs *Great Eastern* , um eine *Stadt* mit einigen Tausend Einwohnern, die ins Meer hinausgeschleudert wurde.

Schiffe sind sozusagen die elektrischen Funken der Welt, durch die der Überfluss verschiedener Länder vorangetrieben wird, um wechselseitig die Lücken in jedem Land zu füllen. Sie sind nicht nur die Kommunikationsmittel zwischen den verschiedenen Familien der Menschheit, wodurch unsere Küsten mit den Produkten anderer Länder bereichert werden, sondern sie sind auch Träger unschätzbarer

Wissensschätze von Klima zu Klima und des Lichts des Evangeliums für alle äußerste Enden der Erde.

Ohne Schiffe hätten wir nie von den Wundern der Koralleninseln und der Schönheit des goldenen Südens oder den Phänomenen und Stürmen des eisigen Nordens gehört. Aber auf Schiffen waren die aufregenden Abenteuer und Gefahren von Magellan, Drake, Cook usw. noch nie erlebt worden; und selbst der weithin berühmte Robinson Crusoe selbst hatte mit seinen Fluchten, seinen Kämpfen, seinen Papageien und seiner Philosophie nie das Herz der Jugend erfreuen, betrüben und romantisch in den Wahnsinn treiben lassen, wie er es jetzt tut und es auch weiterhin tun wird Das Ende der Zeit.

Einige Berichte über Schiffe und Boote mit Anekdoten, die die Gefahren veranschaulichen, denen sie häufig ausgesetzt sind, werden unserer Meinung nach für alle interessant sein, insbesondere für Jungen, zu deren besonderer Erbauung wir jetzt schreiben. Ausgerechnet Jungen lieben Boote und Schiffe; Sie fertigen sie in jeder Form und Größe, mit jedem Werkzeug, und hacken und schneiden sich dabei die Finger, wie wir aus früher persönlicher Erfahrung wissen. Sie segeln damit und machen dabei ihre Kleidung nass, zum bekannten Leid aller vernünftigen Mütter. Sie verlieren sie auch und brechen sich fast das Herz angesichts des Unglücks. Sie machen Kleine, wenn sie klein sind, und Große, wenn sie groß werden; und wenn sie größer werden, geben sie nicht selten das Spielzeug zugunsten der Realität auf, begeben sich auf ein edles Schiff und heiraten die stürmische See.

An dieser Stelle ein Wort ins Ohr, lieber Leser. Denken Sie nicht, dass Sie sich zwangsläufig auch in das *Meer* verlieben, wenn Sie sich in ein *Schiff* verlieben ! Manche tun es, andere nicht: Bei denen, die es tun, ist es gut; Bei denen, die das nicht tun und dennoch zur See fahren, ist es bemerkenswert schlimm. Denken Sie *philosophisch* darüber nach, „zur See zu fahren", meine Jungs. Versuchen Sie ehrlich, Ihrer eigenen Neigung *so lange wie möglich zu widerstehen* und gehen Sie nur, wenn Sie feststellen, dass *Sie nicht anders können* ! In einem solchen Fall werden Sie wahrscheinlich feststellen, dass Sie dafür geeignet sind – sonst nicht. Wir lieben das Meer mit echter und tiefer Zuneigung und haben uns oft auf seinen schaumigen Wellen geworfen; aber wir wollen kein Seemann sein – auf keinen Fall!

Und jetzt, Jungs, kommt mit, und wir werden euch so angenehm und gewinnbringend wie möglich von der Wiege eines Schiffes über sein stürmisches Dasein bis zu seinem Grab begleiten.

Kapitel Zwei.

Die frühesten Tage des Wasserreisens.

Es waren einmal keine Schiffe. Die Menschen kannten die Bedeutung des Wortes nicht; sie wollten sie nicht; und viele, viele Jahrhunderte lang hatten die Möwen das Meer ganz für sich. Aber *Boote* sind sehr alt. Zweifellos müssen die *ersten Boote von den ersten Menschen* gebaut worden sein, die auf der Erde lebten. Sie bestanden wahrscheinlich – denn wir befinden uns jetzt im Land der Vermutungen – aus umgestürzten Baumstümpfen oder Binsenbüscheln, auf denen die unmittelbaren Nachkommen unserer Ureltern saßen und über kleine Seen und Flüsse fuhren.

Nasse Füße sind auf keinen Fall angenehm. Wir können uns vorstellen , dass längere Reisen, die auf diese Weise durchgeführt wurden – sagen wir mehrere hundert Meter oder eine Meile – diese primitiven Seefahrer so unbehaglich machten, dass sie beschlossen, ihren Zustand zu verbessern; und nach reiflicher Überlegung kamen sie auf den Plan, mehrere Baumstämme mit Zweigen aneinander zu befestigen, und so bildeten sie *Flöße* .

, die Oberfläche ihrer Flöße zu glätten, als die Menschen anfingen, Weisheit bei der Herstellung von Werkzeugen aus Stein und beim Formen von Metall

an den Tag zu legen . und dann kamen sie zweifellos auf die Idee, die Baumstämme auszuhöhlen, weil sie sie unhandlich und schwer zu handhaben fanden. Da die Dechsel zu dieser Zeit wahrscheinlich noch nicht erfunden waren, wandten sie sich dem Element Feuer zu – das heutzutage von wilden

Völkern zu demselben Zweck genutzt wird – und brannten die Innenseiten ihrer Baumstämme aus. Daher *Kanus* entstanden.

Aber solche Kanus waren unhandlich und schwer, außerdem neigten sie dazu, zu splittern; Daher dachten die Menschen daran, ein leichtes Gerüst aus Holz zu konstruieren, das sie mit Rinde oder Haut bedeckten. Dann erfanden Eisenschmiede die Sägen; Baumstämme wurden zerrissen; Bretter wurden geformt; Pech sickerte griffbereit aus den Bäumen; mit Gras verstemmten sie vielleicht die Nähte; – und bald schwamm das erste *Boot* auf dem Wasser – unbeholfen und wannenartig, zweifellos, aber dennoch brauchbar – und Jünglinge von hundert Jahren und ausgewachsene Männer von zwei oder zwei Jahren dreihundert, tänzelten und jubelten am Ufer vor Freude über die große Erfindung; während ehrwürdige Patriarchen von sieben- oder achthundert Sommern mit fast prophetischer Feierlichkeit verwundert zusahen und ausriefen, dass sie so etwas noch nie zuvor *in* ihrem langen, langen Leben gesehen hätten!

Diese Zeiten sind nun alt – so alt, dass die Menschen kaum noch begreifen können, wie alt sie sind; Dennoch werden die damals verwendeten Handwerke auch heute noch genutzt, und zwar nicht nur bei den Wilden ferner Länder, sondern auch bei den Menschen, die direkt vor unserer Haustür leben.

Das *Coracle*, ein Korbboot der primitivsten Art, trifft man in Südwales immer noch gelegentlich an. Es ist weder mehr noch weniger als ein großer, mit Fell bedeckter Weidenkorb, hat die Form einer Wanne und ist in gewisser Weise

unhandlich. Als die Römer in Großbritannien einmarschierten, war dieser Bootstyp weit verbreitet. Wie das Kanu des nordamerikanischen Indianers lässt es sich leicht umkippen, und wir sollten annehmen, dass es ziemlich unhandlich ist; Aber da wir in diesem Land wahrscheinlich nie wieder darauf reduziert werden, können wir es uns leisten, seine Fehler mit Gleichgültigkeit zu betrachten.

Von kleinen Booten zu großen Booten ist es nur ein Schritt; und zweifellos wurden Flüsse bald befahren und neue Länder erkundet, während diejenigen, die in der Nähe der Meeresküste lebten, es sogar wagten, ihre Boote auf dem Ozean zu Wasser zu lassen; aber sie „umarmten das Ufer" zweifellos und wagten es selten, nachts weiterzugehen, es sei denn, die Sterne leuchteten hell am Himmel.

Die Jahre vergingen und die Küstenbewohner wurden bei ihren Reisen entlang der Küste immer waghalsiger. Es lag an ihnen, über größere Boote oder Kähne mit zahlreichen Ruderern zu verfügen, die natürlich auch Waffen mit sich führten, um sich vor Feinden zu schützen. Es entstanden Kriegsgaleeren. Starke Winde trugen diese manchmal von der Küste weg und außer Sichtweite des Landes. Ah, Leser! Wer kann sich die Gefühle der ersten

Seefahrer vorstellen, die das feste Land am Horizont versinken sahen und in all der Wasserverwüstung nichts Wesentliches sahen, außer ihrer eigenen winzigen Barke, die unter ihnen auf den wogenden Wogen taumelte? Vielleicht fanden diese ersten Abenteurer in der Tiefe den Weg zurück ans Land und versuchten anschließend das kühne Experiment, sich an den Sternen zu orientieren. Vielleicht nicht; Aber schließlich kam es dazu, dass Schiffe gebaut wurden und die Menschen mutig genug waren, auf ihnen tage- und wochenlang in See zu stechen.

Die Arche ist das erste Schiff, über das wir einen authentischen Bericht haben. Wir verlassen nun den Bereich der Vermutungen; denn die Arche wurde von Noah unter der unmittelbaren Leitung des Allmächtigen gebaut, und wir haben einen ausführlichen Bericht darüber in der Bibel.

Mehr als zweitausenddreihundert Jahre bevor unser Herr und Erlöser Jesus Christus auf die Erde kam, hatte die Bosheit der Menschen ein solches Ausmaß erreicht, dass Gott beschloss, die Bewohner der Welt durch eine Sintflut zu vernichten. Aber inmitten des Zorns erinnerte sich Gott an seine Barmherzigkeit. Er verschonte Noah und seine Familie und rettete sie vor der Zerstörung, indem er sie zusammen mit Paaren der niederen Tiere in die Arche legte.

Jeder Leser der Bibel kennt die Geschichte der Sintflut; Aber vielleicht ist sich nicht jeder bewusst, dass es in jedem Teil der Erde Überlieferungen über diese Sintflut gibt. Im Osten, im Westen, im Norden und im Süden – zivilisiert und wild – alle Menschen erzählen uns von einer großen Flut, die einst die Welt erfasste und vor der nur eine Familie gerettet wurde, in einem Boot, einem Kanu oder einer Arche.

Was die barbarischen und wilden Nationen nur schwach aus der Tradition wissen, wissen wir mit Sicherheit und vollständig aus dem inspirierten Wort Gottes. Die Arche wurde gebaut; die Flut kam; Noah ging mit seiner Familie und zwei von jedem Lebewesen hinein ; und monatelang schwamm das erste Schiff auf einem Meer, dessen uferlose Wellen rund um die Welt flossen.

Welche Form die Arche hatte, können wir nicht genau sagen; aber wir kennen seine Abmessungen ziemlich genau.

Obwohl sie nicht für Reisen gedacht war, muss die Arche notwendigerweise ein perfektes Modell eines Schiffs gewesen sein, das auf dem Wasser schwimmen sollte. Bis zu einem gewissen Grad muss es auch dazu geeignet gewesen sein, auf turbulenten Wellen zu fahren; denn es „schwebte über sieben Monate lang auf dem Wasser", und bevor es schließlich auf dem Gipfel des Berges Ararat ruhte, „ließ Gott einen Wind über die Erde ziehen, und die Wasser milderten." Im Hinblick auf seine Größe ist es vielleicht am interessantesten, es mit der *Great Eastern* zu vergleichen , dem größten Schiff, das jemals von Menschen gebaut wurde. Geht man davon aus, dass eine Elle etwa 18 Zoll misst, dann betrug die Länge der Arche etwa 450 Fuß, ihre Breite etwa 75 Fuß und ihre Tiefe etwa 45 Fuß.

Die Länge der *Great Eastern* beträgt 680 Fuß, ihre Breite 83 Fuß und ihre Tiefe vom Deck bis zum Kiel 60 Fuß.

Die Arche wurde aus Gopher-Holz gebaut, das manche für Kiefernholz halten, andere für Zedernholz. Es bestand aus drei Stockwerken, hatte ein Fenster und eine Tür und war innen und außen geneigt. Aber es hatte weder Masten noch Ruder; und es ist offensichtlich, dass die Arche, obwohl sie eine Zuflucht des Menschen war, nicht dazu gedacht war, von Menschen verwaltet zu werden, denn nachdem Noah und seine Familie eingetreten waren, übernahm Gott die Führung und Bewahrung ihres Gefäßes. So führt und beschützt unser Erlöser – für den die Bundeslade ein Vorbild war – besonders diejenigen, die bei ihm Zuflucht suchen.

Aber obwohl wir die Arche als das erste Schiff bemerkt haben, können wir sie nicht mit Anstand an die Spitze der Geschichte der Schifffahrt stellen. Nach der Flut schien die Arche bald in Vergessenheit geraten zu sein oder sich zumindest nur unzureichend daran zu erinnern, und die Menschen kehrten zu ihren kleinen Kanus und unhandlichen Booten zurück, die für alle ihre begrenzten Bedürfnisse ausreichten. Erst etwa tausend Jahre später in der Weltgeschichte bauten Menschen Schiffe von beträchtlicher Größe und unternahmen ausgedehnte *Küstenreisen* zum Zweck der Entdeckung und des Handels. Schon lange bevor die Menschen es wagten, die Küste aus den Augen zu verlieren und sich in die geheimnisvollen Tiefen des großen, unbekannten Meeres zu wagen, hatte man bereits Schifffahrt betrieben und die Kunst des Schiffbaus beträchtliche Fortschritte gemacht.

Für die Alten war das Mittelmeer der Ozean; und zwischen seinen Buchten, Bächen und Inseln entstanden maritime Unternehmungen und erlangten Berühmtheit. Bei den Phöniziern, Ägyptern und Hebräern finden wir die frühesten Spuren von Schifffahrt und Handel. Die ersten dieser Nationen, die den schmalen Landstreifen zwischen dem Libanon und dem Mittelmeer bewohnten, erlangten zwischen 1700 und 1100 vor Christus als Seefahrer Berühmtheit; die berühmte Stadt Sidon war ihr großer Seehafen, von dem aus ihre Schiffe ausliefen Handel mit Zypern und Rhodos, Griechenland, Sardinien, Sizilien, Gallien und Spanien. Über den damaligen Stand des Handels sowie über die Form und Größe antiker Gefäße ist wenig bekannt. Homer erzählt uns in seinem Bericht über den Trojanischen Krieg, dass die Phönizier die Kämpfer mit vielen Luxusgütern versorgten; und aus der Bibel erfahren wir, dass dieselben unternehmungslustigen Seefahrer im Jahr 1000 v. Chr. Gold von Ophir nach Salomo brachten

Kurz zuvor wagten die Phönizier die Durchfahrt durch die Straße von

Gibraltar und erblickten zum ersten Mal den großen Atlantischen Ozean. Sie zogen entlang der Küste Spaniens und gründeten Cádiz. und nicht lange danach kroch es die Westküste Afrikas entlang und gründete dort Kolonien. Aber ihre größte Leistung vollbrachten sie etwa 600 Jahre v. Chr., als sie das Rote Meer und die Ostküste Afrikas hinuntersegelten, das Kap der Guten Hoffnung umrundeten, die Westküste hinauf segelten und über die Straße von Gibraltar nach Hause zurückkehrten. Bartholomew Diaz muss seinen verminderten Kopf vor dieser Tatsache verbergen; denn obwohl ihm alle Ehre zuteil wird, „verdoppelten" die alten Phönizier das Kap, mindestens zwanzig Jahrhunderte vor ihm!

Dass die Menschen der alten Zeit lange Reisen unternommen haben, bevor die authentische Geschichte begann, scheint sehr wahrscheinlich. Die Expedition der *Argonauten* nach Kolchis im Jahr 1250 v. Chr. auf der Suche nach dem „Goldenen Vlies" ist die erste antike Reise, die Anspruch auf Authentizität erhebt. Was das Goldene Vlies war, ist ungewiss; Einige glauben, dass es sich dabei um einen Begriff handelte, der die Edelmetallminen in der Nähe des Schwarzen Meeres symbolisierte . Was auch immer es war, die *Argonauten* machten sich auf die Suche danach. Ob sie es fanden oder nicht, ist in der Geschichte nicht bekannt. Jason, Sohn des Königs von Thessalien, war der Anführer dieser Expedition, die aus einem

Schiff und fünfzig Mann bestand. Ein Mann namens *Argus* baute das Schiff, das von ihm den Namen Argo erhielt, daher der Name *Argonauten* .

Bei der Behandlung antiker Gefäße können wir genauso gut nach dem Prinzip vorgehen, das von einem klugen Kind vorgeschlagen wurde, das, wenn seine Mutter ihm eine Geschichte erzählen wollte, sie gewöhnlich anflehte, „im Bett zu schlafen " . Wir beginnen am Anfang.

Kapitel drei.

Flöße und Kanus.

Flöße müssen, wie bereits erwähnt, zweifellos der Beginn der Schifffahrt gewesen sein. Aber sie wurden nicht, wie viele andere Arten des alten Handwerks, vollständig durch moderne Erfindungen ersetzt. Zwar führen wir heutzutage keinen Krieg mehr auf Flößen, aber wir betreiben dennoch in vielen Teilen der Welt Handel mit ihnen. Wie die Flöße in der Antike entstanden sind, können wir nicht genau sagen, aber leicht erraten; Aber eines wissen wir, und zwar, dass die erste Verbesserung, die an einem solchen Fahrzeug vorgenommen wurde, darin bestand, ein paar dicke Bretter bis zu einer Tiefe von drei bis vier Fuß ins Wasser zwischen die Baumstämme zu stoßen, aus denen das Floß bestand. Diese wirkten wie ein Kiel und verhinderten dadurch, dass das Floß bei *Seitenwind seitwärts gegen das Wasser drückte, einen großen Teil dessen, was man Spielraum* nennt – das heißt, in die Richtung abzudriften, in die der Wind gerade wehte weht. Einige Arten niederländischer Schiffe verwenden derzeit zu diesem Zweck Leebretter.

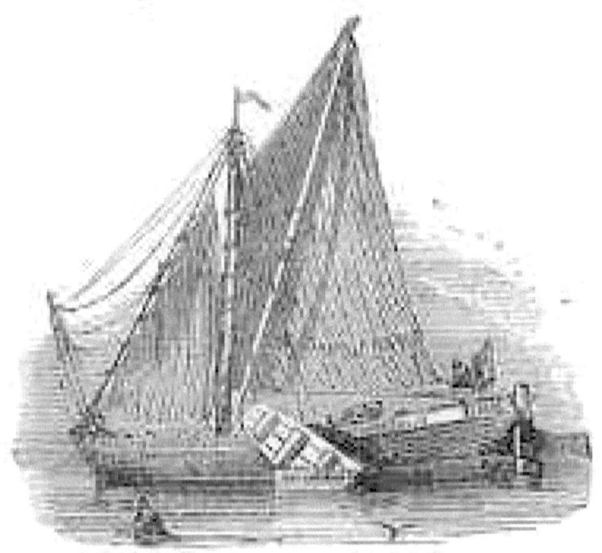

Die Flöße, die heute auf den großen Flüssen Amerikas im Einsatz sind, sind in vielerlei Hinsicht äußerst merkwürdig. Eine Besonderheit vieler von ihnen besteht darin, dass sie *sich selbst* und nicht Waren auf den Markt bringen – die

Kiefernstämme, aus denen sie gebaut sind, sind die marktfähige Ware. Einige dieser „Holzflöße", wie sie genannt werden, sind von großer Größe; und da ihre Seefahrer oft viele Wochen auf ihnen verbringen müssen, während sie langsam die Flüsse hinuntertreiben, bauen sie Hütten oder kleine Häuschen darauf, kochen ihren Proviant an Bord und verbringen, kurz gesagt, Tag und Nacht in ihren provisorischen schwimmenden Häusern bequem, als wären sie auf dem Land.

Wenn sich diese Flöße einem Wasserfall oder einer Stromschnelle nähern, lösen sie die Zurrgurte und lassen mehrere zusammengebundene Baumstämme gleichzeitig herunterlaufen. Nachdem die Stromschnelle passiert ist, werden die losen Baumstämme zusammengetragen, das Floß wieder aufgebaut und die Reise hinunter zum Meer fortgesetzt. Natürlich werden Hütten nur auf Flößen gebaut, die die größten Flüsse befahren, und unterliegen daher nicht der Gefahr, dass sie zerstört werden.

Wenn die Stämme das Meer erreichen, werden sie in verschiedene Teile der Welt verschifft, wo Holz knapp ist. Große Mengen werden aus Kanada und anderen Teilen Amerikas nach Großbritannien importiert.

Gelegentlich wurde etwas Mutiges getan. Anstatt die Baumstämme in Schiffen zu transportieren, bauten unternehmungslustige und geniale Männer sie zu einem *soliden Schiff zusammen* und ließen einen kleinen Raum übrig, der als Kabine und Laderaum für Proviant diente; Dann richteten sie die Masten auf, hissten die Segel und überquerten in diesem einzigartigen Schiff den

Atlantik. Als sie im Hafen ankamen , zerlegten sie ihr Floßschiff und verkauften es.

Dwina , einem der großen Flüsse Russlands, darstellt.

Flöße sind jedoch nicht auf den Zweck des Verkehrs beschränkt. Sie dienten häufig dazu, Schiffbrüchigen das Leben zu retten. Aber allzu oft waren sie nur das Mittel, um die elende Existenz derjenigen zu verlängern, die letztendlich auf See umkamen.

Nachdem wir uns nun von der Betrachtung von Flößen abwenden, werden wir Kanus beschreiben.

Kanus müssen unserer Meinung nach nach Flößen erfunden worden sein. Sie wurden, wie gesagt, aus Baumstämmen, Rinde und auf Holzrahmen gespannten Häuten geformt. Über alte Kanus können wir wenig sagen. Aber es ist wahrscheinlich, dass sie in den meisten Punkten den Kanus ähnelten, die heutzutage von wilden Völkern benutzt wurden; denn der Mensch ist in seinem niedrigsten oder wildesten Zustand heute notwendigerweise derselbe wie in der Antike. Wir werden daher einen Blick auf die Kanus wilder Völker werfen, die heute existieren, und so eine gute Vorstellung davon bekommen, was Kanus früher waren, ohne daran zu zweifeln.

Am einfachsten sind vielleicht die Kanus der nordamerikanischen Indianer. Diese bestehen aus dünnen Holzlatten und -rippen und sind mit der Rinde der Birke bedeckt. Die Rindenschichten sind keinen viertel Zoll dick. Für die Bespannung eines Kanus werden mehrere Laken verwendet. Sie werden mit den langen, biegsamen Wurzeln der Kiefer zusammengenäht und die Nähte werden mit Gummi, der vom selben Baum stammt, dicht gemacht. Diese Kanus sind so leicht, dass zwei Männer eines auf ihren Schultern tragen können, das acht oder zehn Männer mit Proviant usw. für eine mehrmonatige Reise aufnehmen kann. Sie sind in verschiedenen Größen erhältlich – vom Jagdkanu, in dem ein Indianer Platz findet, bis zum größten Kanu, in dem vierzehn Indianer Platz finden. Sie werden durch kurze Paddel statt durch Ruder angetrieben.

Reisende ausgesetzt sind , wenn sie mit diesen Kanus durch die Seen und Flüsse Nordamerikas reisen, sind vielfältig und schrecklich .

Die folgende Anekdote erzählt von einer knappen Flucht einiger Pelzhändler, als sie einen der Flüsse im Hinterland des Hudson Bay Territory hinabstiegen : – An einem schönen Abend im Herbst glitt ein Nordkanu schnell eine der noblen Kurven hinunter im genannten Fluss. Ständig eröffneten sich den Blicken der *Voyageure neue, schöne und sich ständig verändernde Szenen* , deren klagende und schöne Kanu-Gesänge über das Wasser rollten. Plötzlich verstummte das Lied, als das ferne Rauschen eines Wasserfalls an ihre Ohren drang, und die Steuerleute – denn normalerweise sind es zwei, einer am Bug und einer am Heck – bereiteten sich darauf vor, zu landen und „eine Portage zu machen" – das heißt *zu* tragen Das Kanu und die Verschiffung an den Wasserfällen vorbei auf dem Landweg und das Wiederaussetzen und erneute Beladen im glatten Wasser darunter.

Die Annäherung an den Landeplatz an der Spitze des Wasserfalls war etwas schwierig, da eine Felsspitze in der Richtung des Wasserfalls in den Bach hineinragte und man um diesen Punkt herum mit einiger Geschicklichkeit steuern musste um nicht in die starke Strömung hineingezogen zu werden. Die furchtlosen Führer waren jedoch in früheren Jahren oft sicher an diesem Ort vorbeigekommen und stürzten sich dementsprechend mit rücksichtsloser Gleichgültigkeit auf die Stelle, wobei ihre Paddel einen Gischtkreis über ihre Köpfe schleuderten, während sie mit anmutiger, aber energischer Schnelligkeit von einer Seite zur anderen wechselten. Der schnelle Strom trug sie schnell um die Gefahrenstelle herum, und sie hatten fast den ruhigen Wirbel in der Nähe des Landeplatzes erreicht, als der Rumpf des Kanus von der Strömung erfasst wurde, die es augenblicklich vom Ufer wegwirbelte und stromabwärts trug wie ein Pfeil. Noch einen Augenblick, und das sprudelnde Wasser zog sie an den Rand des Wasserfalls, der viele Meter tiefer zwischen schrecklichen Abgründen und Felsen donnerte und schäumte. Es war die Arbeit eines Augenblicks. Das Heck des Kanus ragte fast über den Abgrund hinaus, und die Voyageure ruderten mit der Verzweiflung von Männern, die das Gefühl hatten, dass ihr Leben von den Strapazen der nächsten schrecklichen Minute abhing. Einige Sekunden lang blieb das Kanu stehen und schien am Rande der Zerstörung zu zittern – die Stärke des Wassers und die Kraft der Männer hielten sich fast die Waage –, dann begann es langsam den Bach hinaufzusteigen. Die Gefahr war vorüber! Ein paar nervöse Schläge, und das Kanu schoss wie ein Pfeil aus der Strömung und schwamm sicher im stillen Wasser unterhalb der Landspitze.

Das Ganze geschah von Anfang bis Ende in wenigen Sekunden; Aber wer kann den turbulenten Gefühlsschwall beschreiben oder begreifen, der während dieser kurzen Momente im Busen der *Voyageure erregt wird* ? Der plötzliche, elektrisierende Wechsel von der ruhigen Sicherheit zum Rande der scheinbar sicheren Zerstörung – und dann die Erlösung! Es war einer dieser aufregenden Vorfälle, die denen häufig passieren, die die Wildnis dieser Welt durchstreifen, und an die sie kaum denken, außer im Augenblick der Gefahr; Dennoch war es eine dieser feierlichen Zeiten, die es in der Geschichte aller Menschen mehr oder weniger zahlreich gibt, in denen der Allmächtige mit einer Stimme zu seinen sorglosen Geschöpfen spricht, die nicht zu verwechseln ist, wie sehr sie auch noch beleidigt werden mag; Er erweckt sie mit grobem Griff, um das dünne Seil zu sehen, das sie über dem Abgrund der Ewigkeit hängt.

Die von den in den Polarregionen lebenden Eskimos verwendeten Kanus bestehen aus einem leichten Holzgerüst, das vollständig mit Robbenfell bedeckt ist – in der Mitte ist ein rundes Loch freigelassen, in dem der Eskimo sitzt . Um dieses Loch herum befindet sich ein loses Stück Haut, das der Mann hochzieht und um seine Taille befestigt. Die Maschine ist somit absolut wasserdicht. Keine Wellen können hineinschlagen, obwohl sie darüber hinwegfegen können; Und wenn es zufällig umkippen sollte, kann der Eskimo es und sich selbst durch einen geschickten Schwung seines langen Doppelpaddels in die richtige Position bringen. Das Paddel, das zwischen drei und fünfzehn Fuß lang ist, ist einfach eine Stange mit einer Klinge an jedem Ende. Es wird in der Mitte gefasst und jedes Ende wird abwechselnd auf beiden Seiten des *Kajaks* , wie dieses Kanu genannt wird, eingetaucht. Eskimo-Kajaks sind erstklassige Seeboote. Sie können fast jedem Wetter trotzen. Sie sind extrem leicht und werden von den Einheimischen sehr schnell angetrieben. In diesen zerbrechlichen Kanus verfolgen die Eingeborenen der Polarregionen Robben und Wale und wagen es sogar, das Walross in seinem Heimatelement anzugreifen. Das Kajak wird ausschließlich von den Männern genutzt. Das Oomiak oder Frauenkanu ist viel größer und unhandlicher gebaut, ähnlich einem Boot. Es ist nach oben offen und bietet Platz für eine große Familie aus Frauen und Kindern. Wie das Kajak besteht es aus einem mit Robbenfell überzogenen Holzgerüst und wird mit kurzen, löffelförmigen Paddeln angetrieben.

Das berühmte „Rob Roy"-Kanu, das bei Jungen und jungen Männern mit Wassersportbegeisterung mittlerweile so beliebt ist, wird nach genau den gleichen Prinzipien wie das Eskimo-Kajak konstruiert und verwaltet; Der einzige Unterschied zwischen den beiden besteht darin, dass das „Rob Roy"-Kanu aus dünnem Holz statt aus Haut besteht und insgesamt ein eleganteres Schiff ist. Einen Bericht darüber finden Sie in unserem Kapitel „Boote". Auch die Bewohner der Südsee benutzen ein Kanu, das sie mit einem Doppelpaddel ähnlich dem der Eskimos antreiben. Sie sind wunderbar geschickt und furchtlos im Umgang mit diesem Kanu, wie aus dem beigefügten Holzschnitt hervorgeht.

Um zu zeigen, dass das Paddel des Kanus für den Menschen natürlicher ist als das Ruder, präsentieren wir ein Bild des Kanus, das die Indianer des Amazonas in Südamerika benutzten. Hier sehen wir, wie die Wilden des Südens wie ihre Brüder im Norden mit dem Gesicht zum Bug sitzen und ihre Barke mit kurzen Paddeln vorwärts treiben , ohne das Dollbord als Drehpunkt zu benutzen. Das Ruder ist entschieden ein moderneres und wissenschaftlicheres Instrument als das Paddel, aber letzteres ist für einige Arten der Navigation besser geeignet als ersteres.

Ganz anders als die eben beschriebenen leichten Kanus unterscheiden sich die Kanus der Südseeinselbewohner. Einige sind groß und andere klein; manche lang, manche kurz; einige elegant, einige ungeschickt; und ein oder zwei besonders bemerkenswerte. Die meisten von ihnen sind eng und anfällig für Störungen. Um diese Katastrophe zu verhindern , haben die Eingeborenen auf geniale, wenn auch ungeschickte Weise eine Art „ *Ausleger* “ oder Planke erfunden, die sie an der Seite des Kanus befestigen, um es aufrecht zu halten. Sie befestigen auch zwei Kanus aneinander, um sie zu stabilisieren.

Eines dieser *Doppelkanus* wird von Cheever in seiner „Island World of the Pacific" so beschrieben: „ Ein Doppelkanu besteht aus zwei einzelnen gleichgroßen Kanus, die parallel zueinander in einem Abstand von drei oder vier Fuß angeordnet und befestigt sind." Sie werden durch vier oder fünf Holzstücke ersetzt, die nur die Form einer Bohrkrone haben. Diese sind an beiden Kanus mit dem stärksten , aus Kokosfasern hergestellten Cinet festgezurrt , so dass die beiden fast ein und dasselbe wie die Doppelfähren sind, die zwischen Brooklyn und New York verkehren . So entsteht durch die bogenförmigen Querträger ein abgeflachter Bogen über dem Raum zwischen den Kanus, auf dem ein Brett oder ein paar der Länge nach gelegte stabile Stangen eine erhöhte Plattform für Passagiere und Fracht bilden, während diejenigen, die paddeln und steuern, darin sitzen die Körper der Kanus an den Seiten. Etwa in der Mitte dieser Plattform erhebt sich ein schlanker Mast, der sich in einer Minute lösen lässt, um ein sehr einfaches Segel zu stützen, das heute allgemein aus weißem Baumwollstoff, früher jedoch aus Matten besteht.“

Die Doppelkanus der Häuptlinge der Südseeinseln sind die größten; einige von ihnen sind fast siebzig Fuß lang, doch sind sie jeweils nur etwa zwei Fuß breit und drei bis vier Fuß tief. Das Heck ist bemerkenswert hoch – fünfzehn bis achtzehn Fuß über dem Wasser.

Auch die Kriegskanus sind groß und kompakt gebaut; Das Heck ist niedrig und abgedeckt, um Schutz vor Steinen und Pfeilen zu bieten. In das Heck ist meist eine grobe Nachahmung eines Kopfes oder einer grotesken Figur eingraviert; während der Stiel erhaben ist, wie der Hals eines Schwans gebogen ist und häufig in der geschnitzten Figur eines Vogelkopfes endet. Diese Kanus bieten Platz für fünfzig Krieger. Kapitän Cook beschreibt einige als 180 Fuß lang. Sie alle, ob Einzel- oder Doppelkanus, Handels- oder Kriegskanus, werden von Paddeln angetrieben, wobei die Männer mit dem Gesicht in die Richtung sitzen, in die sie fahren.

Wie man annehmen kann, geraten diese Kanus bei rauem Wetter oft ins Wanken; Da die Bewohner der Südseeinseln jedoch erfahrene Schwimmer sind, gelingt es ihnen im Allgemeinen, ihre Kanus aufzurichten und wieder hineinzuklettern. Ihre einzige Angst bei solchen Gelegenheiten ist, von Haien angegriffen zu werden. Ellis berichtet in seinem interessanten Buch „Polynesian Researches" von einem Beispiel dieser Art von Angriff, der auf eine Reihe von Häuptlingen und Leuten – etwa zweiunddreißig – verübt wurde, die in einem großen Doppelkanu von einer Insel zur anderen fuhren : – „Sie wurden von einem Sturm heimgesucht, dessen Heftigkeit ihre Kanus von den horizontalen Holmen riss, durch die sie verbunden waren. Vergeblich versuchten sie, sie wieder aufzustellen oder das Wasser auszuschütten, denn sie konnten ihr unaufhörliches Umkippen nicht verhindern. Als einzige Ressource sammelten sie die verstreuten Holme und Bretter und bauten ein Floß, auf dem sie hofften, an Land treiben zu können. Das Gewicht der Gesamtheit, die auf dem Floß versammelt war, war so groß, dass es so tief unter die Oberfläche sank, dass sie bis über die Knie im Wasser standen. Sie machten kaum Fortschritte und waren bald von Müdigkeit und Hunger erschöpft. In diesem Zustand wurden sie von mehreren Haien angegriffen. Da sie weder ein Messer noch eine andere Verteidigungswaffe besaßen , fielen sie diesen räuberischen Monstern leicht zur Beute. Einer nach dem anderen wurde von ihnen ergriffen und verschlungen oder weggetragen, und die Überlebenden, die mit schrecklicher Angst sahen, wie ihre Gefährten so zerstört wurden, sahen, wie die Zahl ihrer Angreifer offenbar zunahm, da jeder Körper weggetragen wurde, bis nur noch zwei oder drei übrig blieben.

„Das so um seine Last erleichterte Floß stieg an die Wasseroberfläche und brachte sie außerhalb der Reichweite der gefräßigen Kiefer ihrer unerbittlichen Zerstörer. Die Flut und die Strömung trugen sie bald ans Ufer, wo sie landeten, um das traurige Schicksal ihrer Mitreisenden zu erzählen."

Kapitän Cook bezieht sich auf die Kanus Neuseelands wie folgt:

„Der Einfallsreichtum dieser Leute zeigt sich nur in ihren Kanus. Sie sind lang und schmal und ähneln in ihrer Form stark einem Walfangboot aus Neuengland. Die größeren Modelle scheinen hauptsächlich für den Kriegseinsatz gebaut zu sein und können vierzig bis achtzig oder hundert bewaffnete Männer transportieren. Wir haben eines gemessen, das bei Tolaga am Ufer lag ; Sie war achtundsechzig Fuß lang, fünf Fuß breit und dreieinhalb Fuß tief. Der Boden war scharf, hatte gerade Seiten wie ein Keil und bestand aus drei Längen, die auf etwa zwei Zoll oder anderthalb Zoll Dicke ausgehöhlt und durch starke Flechten gut miteinander verbunden waren. Jede Seite bestand aus einem ganzen Brett, 63 Fuß lang, 10 bis 12 Zoll breit und etwa 1,5 Zoll dick; und diese wurden mit großer Geschicklichkeit und Kraft am unteren Teil angebracht und festgezurrt.

„Von Dollbord zu Dollbord wurden zahlreiche Ruderbänke gelegt, an denen sie auf beiden Seiten festgezurrt waren, um das Boot zu verstärken. Die Verzierung am Kopf ragte fünf bis sechs Fuß über den Körper hinaus und war etwa viereinhalb Fuß hoch. Die Verzierung am Heck war an diesem Ende befestigt, wie der Heckpfosten eines Schiffes am Kiel befestigt ist, und war etwa vierzehn Fuß hoch, zwei breit und anderthalb Zoll dick. Sie bestanden beide aus geschnitzten Brettern, deren Design viel besser war als die Ausführung. Alle ihre Kanus, mit Ausnahme einiger weniger in Opoorage oder Mercury Bay, die aus einem Stück bestanden und durch Feuer ausgehöhlt wurden, sind nach diesem Plan gebaut, und nur wenige sind weniger als zwanzig Fuß lang. Einige der kleineren Modelle haben Ausleger; und manchmal werden zwei miteinander verbunden, aber das ist nicht üblich.

„Die Schnitzereien auf den Heck- und Kopfverzierungen der minderwertigen Boote, die anscheinend ausschließlich zum Fischen gedacht waren, bestehen aus der Gestalt eines Mannes mit einem Gesicht, das so hässlich ist, wie man es sich nur vorstellen kann, und einer monströsen Zunge, die aus dem Mund ragt." , mit eingesteckten weißen Muscheln von Seeohren als Augen. Aber die Kanus der höheren Art, die ihre Kriegsschiffe zu sein scheinen, sind prächtig mit durchbrochenen Arbeiten geschmückt und mit losen Fransen aus schwarzen Federn bedeckt, die ein äußerst elegantes Aussehen hatten. Auch die Dollbordbretter waren häufig grotesk geschnitzt und mit Büscheln weißer Federn auf schwarzem Grund verziert. Die Paddel sind klein und ordentlich verarbeitet. Die Klinge hat eine ovale Form, oder vielmehr die Form, die einem großen Blatt ähnelt, ist an der Unterseite spitz, in der Mitte am breitesten und verliert sich allmählich im Schaft, wobei die Gesamtlänge etwa sechs Fuß beträgt. Mit Hilfe dieser Ruder treiben sie ihre Boote mit erstaunlicher Geschwindigkeit voran."

Herr Ellis, auf dessen Buch bereits Bezug genommen wurde und der die Südseeinseln fast ein halbes Jahrhundert später als Cook besuchte, erzählt uns, dass die von einigen Inselbewohnern verwendeten *Einzelkanus* für lange Reisen weitaus sicherer sind als die *Doppelkanus* . Da letztere während eines Sturms leicht auseinandergerissen werden können, kann man sie dann nicht daran hindern, ständig umzukippen.

Einzelne Kanus lassen sich nicht so leicht von ihrem Ausleger trennen. Dennoch geraten sie bei rauer See manchmal aus der Fassung; aber den Eingeborenen macht das nichts aus. Wenn ein Kanu umkippt und sich füllt, ergreifen die Eingeborenen, die fast sobald sie gehen können, wie Enten zu schwimmen lernen, ein Ende des Kanus und drücken es nach unten, um das andere Ende über das Meer zu heben was bedeutet, dass ein großer Teil des

Wassers ausgeht; Dann verlieren sie plötzlich ihren Halt, und das Kanu fällt auf das Wasser zurück, wobei es einen Teil seines Inhalts entleert hat. Sie schwimmen an der Seite entlang, holen den Rest heraus, klettern hinein und setzen ihre Reise fort.

Allerdings sind die Europäer nicht so gleichgültig gegenüber dem Umsturz wie die Wilden. Einmal war Herr Ellis in Begleitung von drei Damen, Frau Orsmond , Frau Barff und seine Frau überquerten mit ihren beiden Kindern und ein oder zwei Eingeborenen einen Hafen auf der Insel Huahine . Im Vorderteil des Kanus saß eine Dienerin mit Mr. Ellis' kleinem Mädchen im Arm. Sein kleiner Junge lag an der Brust seiner Mutter; und ein Eingeborener paddelte oder schob mit einem langen Lichtmast das Kanu vorwärts, als ein kleiner Buhoe mit einem darin sitzenden Eingeborenenjungen hinter einem Busch hervorschoss, der über dem Wasser hing, und bevor sie sich umdrehen konnten Als der Jugendliche sein Kanu stoppen konnte, lief es über den Ausleger. Dieser ging augenblicklich unter, das Kanu wurde mit dem Boden nach oben gedreht und die ganze Gruppe stürzte ins Meer.

Die Sonne war bald nach ihrem Aufbruch von der gegenüberliegenden Seite untergegangen, und da die Dämmerung nur sehr kurz war, waren die Abendschatten um sie herum bereits dichter geworden, was die Eingeborenen am Ufer daran hinderte, ihre Lage zu erkennen. Die Eingeborene, die sich im Wasser sehr wohl fühlte, hielt das kleine Mädchen mit einer Hand hoch und schwamm mit der anderen zum Ufer, wobei sie gleichzeitig Frau half Orsmond , der ihr langes Haar gepackt hatte, das hinter ihr auf dem Wasser schwamm. Als Frau Barff an die Oberfläche stieg, ergriff sie den Ausleger des Kanus, das die Katastrophe verursacht hatte, rief laut um Hilfe, informierte die Menschen am Ufer über ihre Gefahr und brachte sie schnell zu Hilfe. Frau Orsmonds Ehemann, der gerade anwesend war, stürzte zum Strand und stürzte sich sofort ins Wasser. Als seine Frau ihn sah, verließ sie sie, hielt die Eingeborene fest und ergriff ihren Mann. Sie hätte sicherlich sowohl ihn als auch sich selbst ertränkt, wenn nicht die Eingeborenen eingesprungen wären und sie gerettet hätten.

Mahinevahine , die Königin der Insel, sprang ins Meer und rettete Frau Barff; Herr Ellis ergriff das Kanu und stützte seine Frau und ihr Kind, bis Hilfe kam. So wurden sie alle gerettet.

Die Bewohner der Südseeinseln, über deren Kanus wir geschrieben haben, sind – zumindest einige von ihnen – die wildesten Wilden auf der Erde. Sie tragen wenig oder gar keine Kleidung und praktizieren freiwillig Kannibalismus, also *Menschenfresser*. Tatsächlich bevorzugen sie menschliches Fleisch gegenüber jedem anderen. Darüber sind wir aus höchst unbestreitbarer Quelle informiert.

Zweifellos sind die Kanus, die wir beschrieben haben, heute noch dieselben wie vor tausend Jahren; Wenn wir also jene Teile der Erde besuchen, in denen die Eingeborenen noch wild leben, können wir sozusagen einen Sprung zurück in alte Zeiten machen und mit unseren eigenen Augen den Zustand der Meeresarchitektur betrachten, wie er existierte, als unsere eigenen Vorfahren Wilde waren und paddelte auf Baumstämmen, Flößen und Korbkanus über die Themse und den Clyde.

Kapitel Vier.

Antike Schiffe und Navigatoren.

Alles muss einen Anfang haben, und so richtig und angemessen die Dinge auch denen erscheinen mögen, die sie beginnen, für diejenigen, die sie betrachten, haben sie nach vielen Jahrhunderten im Allgemeinen einen seltsamen, manchmal absurden Aspekt.

Wenn wir an die schick gebauten Schiffe und Yachten denken, die heute das Meer weit und breit bedecken, können wir es kaum glauben, dass die Menschen wirklich mit der Navigation begonnen und in solch grotesken Schiffen wie dem auf der Seite dargestellten zum ersten Mal in See gestochen sind 55.

In einem früheren Kapitel wurde auf den Aufstieg des Handels und der maritimen Unternehmen sowie auf die Flotten und Heldentaten der Phönizier, Ägypter und Hebräer im Mittelmeerraum hingewiesen, wo Handel und Schifffahrt erstmals kräftig zu wachsen begannen. Wir werden nun die besondere Struktur der Schiffe und Boote betrachten, in denen ihre Seeoperationen durchgeführt wurden.

Boote müssen, wie gesagt, die Nachfolge von Flößen und Kanus angetreten haben, und die großen Boote folgten bald den kleinen Booten. Allmählich, als die Bedürfnisse der Menschen zunahmen, nahm auch die Größe ihrer Boote zu, bis sie den Titel „kleine Schiffe" verdienten. Diese riesigen Boote oder kleinen Schiffe wurden durch Ruder von enormer Größe angetrieben; und um auch nur annähernd schnell voranzukommen, mussten die Ruderer und Ruderer vervielfacht werden, bis sie sehr zahlreich wurden.

Heutzutage sehen wir selten ein Boot, das mehr als acht oder zehn Ruder erfordert. In der Antike benötigten Boote und Schiffe manchmal bis zu vierhundert Ruder, um sie anzutreiben.

Die Formen der alten Schiffe waren merkwürdig und überaus malerisch, aufgrund der Verzierung, mit der ihre Umrisse durchbrochen waren, und der hohen Höhe ihres Bugs und Hecks.

Wir haben keine sehr authentischen Details über die Einzelheiten der Form oder Größe antiker Schiffe, aber Antiquare haben eine große Menge oberflächlicher Informationen zusammengetragen, die es uns zusammenfassend ermöglichen, eine ziemlich gute Vorstellung von der Art und Weise ihrer Funktionsweise zu gewinnen. während antike Münzen und Skulpturen uns eine Vorstellung von ihrem allgemeinen Aspekt vermittelt haben. Zweifellos sind viele dieser Aufzeichnungen grotesk genug, dennoch müssen sie in den wesentlichen Einzelheiten korrekt sein.

Homer, der 1000 v. Chr. lebte, gibt in seiner „Odyssee" einen Bericht über den Schiffbau seiner Zeit, dem Antiquare große Bedeutung beimessen, da er die damals vorherrschenden Ideen in Bezug auf die Geographie und den Punkt zeigt, an dem die Kunst entstand Der Schiffbau war damals angekommen. Natürlich muss Homers Neigung zu Übertreibungen gebührend Rechnung getragen werden.

Odysseus, König von Ithaka und einer der weisesten Griechen, die nach Troja gingen, nachdem er auf einer Insel Schiffbruch erlitten hatte, wird von der Nymphe Kalypso mit den Mitteln zum Bau eines Schiffes ausgestattet – dieser Held ist entschlossen, seine Heimatküste wieder aufzusuchen und kehre zu seiner Heimat und seiner treuen Ehefrau Penelope zurück.

> „Als sie so herauskam, überließ sie ihm zuerst
>
> eine schwere Axt, mit treuester Gesinnung, gestählt
>
> und zweischneidig; der Griff glatt und schlicht,
>
> gefertigt aus der leichten Maserung der getrübten Olive;
>
> Und als nächstes ein Keil zum Eintreiben mit
> schwungvoller Bewegung; Dann
>
> führte der Weg
>
> zum benachbarten Wald. Am äußersten Rand der
> einsamen Insel stand
>
> ein hoher Wald aus Pappeln, Kiefern und Tannen,
>
> dessen blattlose Gipfel in den Himmel ragten,
>
> von der Sonne verbrannt oder vom himmlischen Feuer
> verbrannt
>
> (bereits ausgetrocknet). Diese zeigten ihm den Blick,
>
> die Nymphe zeigte es ihm einfach und zog sich unter
> Tränen zurück.

„Jetzt quält sich der Held; Bäume auf umgestürzten
Bäumen

Der Herbst prasselt und die Wälder ächzen;

Plötzlich werden volle zwanzig auf der Ebene verstreut

und von ihrer verzweigten Last befreit.

In gleichen Winkeln wollte Er sie verbinden,

und Er glättete und quadrierte sie durch die Regel und
Linie.

(Die Wimbles für die Arbeit, die Calypso gefunden hat),

mit denen er sie durchbohrte und mit Drahtklammern
band.

Lang und geräumig wie ein Schiffbauer formt er den

breiten Boden einer Rinde, um den Stürmen zu trotzen.

So groß baute er das Floß; Dann rippte ich es stark

von Raum zu Raum und nagelte die Bretter entlang.

Diese bildeten die Seiten; das Deck, das er zuletzt
gestaltete;

Dann erhob sich über dem Schiff der spitz zulaufende
Mast,

mit sich kreuzenden Rahen, die im Wind tanzten:

Und mit dem Ruder verband sich das Führungsruder

(mit nachgebenden Korbweiden eingezäunt, um die Kraft

der wogenden Wellen zu brechen und den stetigen Kurs
zu steuern).

Dein Webstuhl, Calypso, für die zukünftigen Segel

lieferte den Stoff, der den Stürmen standhält.

Als letztes rüstete er das Schiff mit Ankern und Tauwerk
aus,

ließ es auf Hebeln rollen und ließ es in die Tiefe hinaus."

Die Schiffe der alten Griechen und Römer wurden nach der Anzahl der
„Ränge" oder „Bänke", also der Ruderreihen, in verschiedene Klassen
eingeteilt . *Monoremen* enthielten eine Reihe Ruder; *Biremes* , zwei Banken;
Triremen , drei; *quadriremes* , vier; *Quinqueremes* , fünf; und so weiter. Die beiden
letzteren wurden jedoch selten verwendet, da sie unhandlich waren und die
Ruder der oberen Reihe aufgrund ihrer großen Länge und ihres Gewichts
kaum zu handhaben waren.

Ptolemaios Philopator aus Ägypten soll ein riesiges Schiff mit nicht weniger als vierzig Ruderreihen übereinander gebaut haben! Sie wurde von 4000 Mann verwaltet, außerdem gab es 2850 Kämpfer; Sie hatte vier Ruder und einen doppelten Bug. Ihr Heck war mit prächtigen Gemälden wilder und fantastischer Tiere geschmückt; ihre Ruder ragten durch das Laubwerk; und ihr Laderaum war voller Getreide!

Dass dieser Bericht übertrieben und phantasievoll ist, ist völlig offensichtlich; aber es ist sehr wahrscheinlich, dass Ptolemaios tatsächlich ein Schiff, wenn nicht sogar mehrere, von ungewöhnlicher Größe gebaut hat.

Die auf diesen Schiffen verwendeten Segel waren normalerweise quadratisch; und wenn es mehr als einen Mast gab, war der am Heck liegende der größte. Die Takelage war von der einfachsten Art und bestand manchmal nur aus zwei Seilen vom Mast bis zum Bug und Heck. Normalerweise gab es ein Deck am Bug und am Heck, jedoch nie in der Mitte des Schiffes. Die Steuerung erfolgte über ein riesiges breites Ruder, manchmal auch über zwei, am Heck. Am Vorderteil der Kriegsschiffe war ein gewaltiger „Schnabel" angebracht, mit dem die Besatzung den Feind attackierte. Die Gefäße waren

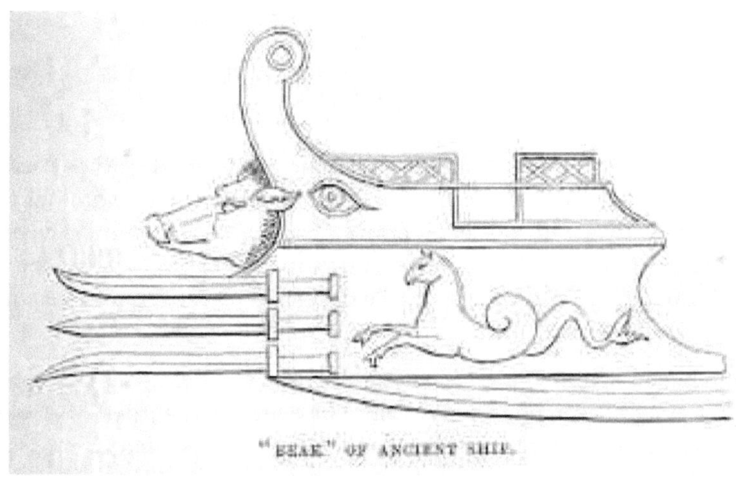

schwarz bemalt, mit roten Ornamenten am Bug; Auf letzteres soll sich Homer beziehen, wenn er von rotwangigen Schiffen schreibt.

Die von den Griechen und Römern für den Krieg gebauten Schiffe waren schärfer und eleganter als die im Handel verwendeten; Letztere hatten einen runden Boden und waren breit, um Fracht aufzunehmen.

die Triremen in ihre Flotte einführten (etwa 700 Jahre v. Chr.), und sie waren auch die ersten, die über eine bedeutende Marine verfügten. Die Athener begannen bald, ihnen nachzueifern und bauten schon bald eine große Flotte von Kriegs- und Handelsschiffen. Dass diese alten Schiffe im Vergleich zu

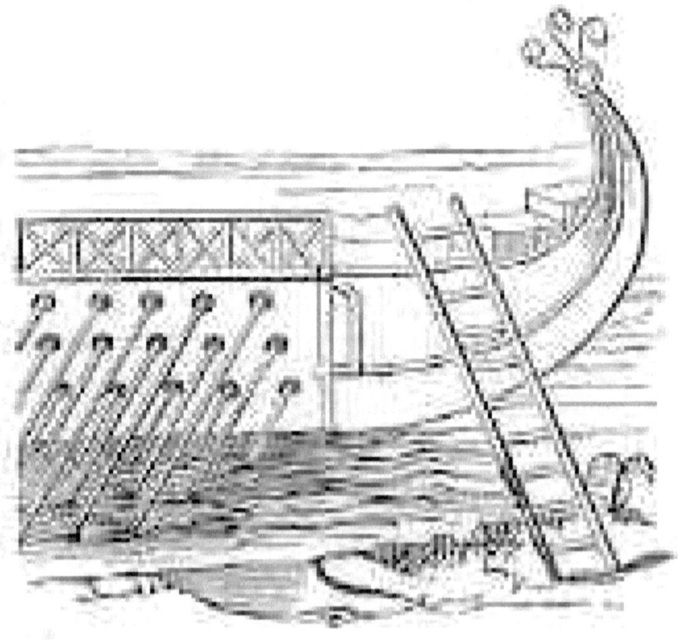

unseren leicht waren, wird durch die Tatsache bewiesen, dass die Griechen, als sie landeten, um mit der Belagerung Trojas zu beginnen, ihre *Schiffe am Ufer* aufstellten . Es wird uns auch erzählt, dass frühere Seefahrer, wenn sie zu einer langen, schmalen Landzunge kamen, manchmal an Land gingen, ihre Schiffe körperlich über die engste Stelle der Landenge zogen und sie auf der anderen Seite zu Wasser ließen.

Darüber hinaus hatten sie eine heilsame Angst vor dem, was Seeleute als „blaues Wasser" bezeichnen – das heißt vor dem tiefen, fernen Meer – und wagten sich nie außer Sichtweite des Landes. Sie hatten keinen Kompass, um sie zu leiten, und auf ihren Entdeckungsreisen an der Küste ließen sie sich von den Sternen leiten, wenn sie aufs Meer hinausgeblasen wurden.

Zu Homers Zeiten bestanden die Segel aus Leinen; später wurde Segeltuch aus Hanf, Binsen und Leder hergestellt. Segel wurden manchmal in verschiedenen Farben und mit seltsamen Mustern gefärbt. Riesige Seile wurden um die Schiffe herum befestigt , um sie fester aneinander zu binden, und die Schanzkleider wurden durch mit Fellen bedeckte Korbgeflechte über den Rahmen der Schiffe hinaus erhöht.

Als Anker dienten Steine, manchmal auch Kisten mit kleinen Steinen oder Sand; Doch schon bald wurden diese durch eiserne Anker mit Zähnen oder Flossen ersetzt.

Die Römer verfügten anfangs nicht über eine so starke Seemacht wie ihre Nachbarn , aber um mit ihnen mithalten zu können, waren sie schließlich gezwungen, ihrer Marine mehr Aufmerksamkeit zu widmen. Um 260 v. Chr. stellten sie eine große Flotte auf, um den Krieg mit Karthago fortzusetzen. Eine karthagische Quinquereme, die zufällig an ihrer Küste zerstört wurde, wurde von den Römern in Besitz genommen, als Modell verwendet und einhundertdreißig Schiffe daraus gebaut. Diese Schiffe wurden angeblich alle in sechs Tagen gebaut; aber das scheint fast unglaublich. Wir dürfen die Macht der Alten jedoch nicht nach dem Maßstab der Gegenwart beurteilen. Es ist bekannt, dass Arbeitskräfte damals billig waren, und wir haben in der Geschichte die Vollendung großer Werke in wunderbar kurzer Zeit durch die bloße Kraft unzähliger Arbeiter dokumentiert.

Den Römern gelang es nicht nur, eine beträchtliche Flotte aufzubauen,

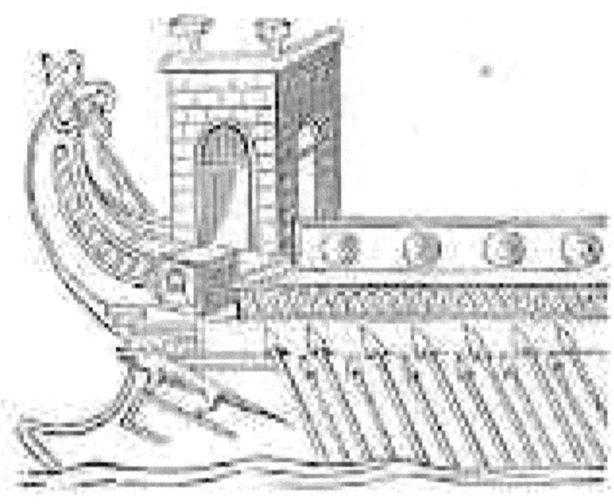

sondern sie erwiesen sich auch als genial bei der Erfindung neuer Kriegsgaleeren. Sie errichteten Türme auf den Decks, von deren Spitze aus ihre Krieger wie von den Mauern einer Festung aus kämpften. Sie stellten auch kleine Käfige oder Körbe auf die Spitze ihrer Masten, in denen einige Männer Platz fanden, um Speere auf die Decks des Feindes zu werfen. Eine Praxis, die grundsätzlich noch heute praktiziert wird , wobei Männer in die „Spitzen" der Masten unserer Kriegsschiffe gesetzt werden, von wo aus sie auf den Feind schießen. Es war eine Kugel von der „Spitze" eines der feindlichen Masten, die unseren größten Marinehelden, Lord Nelson, niederstreckte.

Von diesem Zeitpunkt an unterhielten die Römer eine starke Marine. Sie schwächten die Seemacht ihrer afrikanischen Feinde und bauten eine Reihe von Schiffen mit sechs und sogar zehn Ruderreihen. Die Römer liebten Darstellungen von Seekämpfen außerordentlich und Julius Cäsar grub eigens für diese Ausstellungen einen See auf dem Marsfeld. Es handelte sich keineswegs um Scheinkämpfe. Die Unglücklichen, die bei diesen Gelegenheiten die Schiffe bemannten, waren Gefangene oder Kriminelle, die wie die Gladiatoren kämpften – bis zum Tod –, bis eine Seite ausgerottet oder durch kaiserliche Gnade verschont wurde. In einer dieser Schlachten waren nicht weniger als hundert Schiffe und neunzehntausend Kämpfer beteiligt!

Das waren die Menschen, die im Jahr 55 v. Chr. unter Julius Cäsar in Britannien einmarschierten, und so die Schiffe, mit denen sie an unseren Küsten landeten, um den damals wilden Eingeborenen unseres Landes den Kampf zu liefern.

Es ist eine merkwürdige Tatsache, dass die Kreuzzüge des zwölften und dreizehnten Jahrhunderts die Hauptursache für den Fortschritt der Schifffahrt nach Beginn der christlichen Ära waren. In den ersten fünfhundert Jahren nach der Geburt unseres Herrn ereigneten sich keine nennenswerten maritimen Unternehmungen oder Entdeckungen.

Doch etwa zu dieser Zeit ereignete sich ein Ereignis, das zur Gründung einer der bemerkenswertesten Seestädte der Welt führte. Im Jahr 476 wurde Italien von den Barbaren überfallen. Ein Stamm, die Veneter, die an den nordöstlichen Ufern der Adria lebten, entkamen den Eindringlingen, indem sie in den Sümpfen und Sandinseln an der Spitze des Golfs Schutz suchten, wohin ihre Feinde aufgrund des Klimawandels nicht auf dem Landweg folgen konnten sumpfige Natur des Bodens, noch auf dem Seeweg, da das Wasser flach ist. Die Veneti beschäftigten sich zunächst mit der Fischerei, dann mit der Salzgewinnung und schließlich mit dem Handel. Sie begannen auch auf diesen Sandinseln zu bauen, und bald umfassten ihre Städte neunzig Inseln, von denen viele durch Brücken verbunden waren. Und so entstand die weithin berühmte Stadt der Wasser – „ Schönes Venedig, die Braut des Meeres".

monopolisierten die Venezianer und ihre Nachbarn , die Genuesen, den Handel im Mittelmeerraum.

Nun begannen die Kreuzzüge, und zwei Jahrhunderte lang kämpften die Christen gegen die Türken im Namen dessen, der, wie sie vergessen zu haben scheinen, wenn die Masse von ihnen es jemals wusste, als Friedensfürst bezeichnet wird. Eines der Ergebnisse dieser Kreuzzüge war, dass die beteiligten Europäer eine Vorliebe für östlichen Luxus entwickelten und die Flotten von Venedig und Genua, Pisa und Florenz schon vor langer Zeit das Mittelmeer bevölkerten, beladen mit Juwelen, Seide, Parfümen, Gewürzen und dergleichen Fan-Shop. Auch die Normannen, die Dänen und die Niederländer begannen, sich aktiv an dem so geförderten Marineunternehmen zu beteiligen, und unter der Schirmherrschaft von Philipp Augustus entstand die französische Marine.

Das Ergebnis all dessen war, dass es zu einer großen Bewegung und in gewissem Maße zu einer Vermischung der Nationen kam. Das Wissen über Kunst und Handwerk wurde ausgetauscht, und zwangsläufig verbreitete sich die Kenntnis verschiedener Sprachen. Der Westen begann ständig, die Produkte des Ostens zu verlangen, der Reichtum begann zu wachsen und die Summe des menschlichen Wissens zu wachsen.

Kurz nach dieser Ära des beginnenden kommerziellen Wohlstands im Mittelmeerraum vollbrachten die zähen Nordmänner in der Tiefe Taten, die die des großen Kolumbus selbst übertrafen und viele Jahrhunderte vor seiner Zeit begangen wurden.

Die Angeln, die Sachsen und die Nordmänner bewohnten die Grenzen der Ostsee, die Küsten des Deutschen Ozeans und die Küsten Norwegens. Wie die Nationen an den Küsten des Mittelmeers wurden auch sie zu berühmten Seefahrern; aber im Gegensatz zu ihnen waren Krieg und Piraterie ihre Hauptziele. Der Handel war zweitrangig.

günstigeren Gegenden auszuplündern und die angelsächsische Herrschaft in England zu errichten; und ihr berühmter König Alfred wurde der Begründer der Seemacht Großbritannien, die in zukünftigen Zeitaltern die Meere beherrschen sollte.

Es waren die Nordmänner, die in riesigen offenen Booten ohne Karte oder Kompass (denn damals gab es beides nicht) in die stürmischen Nordmeere vordrangen und im Jahr 863 die Insel Island entdeckten; im Jahr 983 die Küste Grönlands; und einige Jahre später die Teile der amerikanischen Küste, die heute Long Island, Rhode Island, Massachusetts, Nova Scotia und Neufundland heißen. Zwar folgten sie nicht den wissenschaftlichen und kommerziellen Ansichten von Kolumbus; Sie gaben der zivilisierten Welt auch nicht den Nutzen aus ihrem Wissen über diese Länder. Obwohl ihre Absichten einfach nur egoistisch waren, können wir unsere Bewunderung für den kühnen und kühnen Geist dieser frühen Seefahrer unter äußerst ungünstigen Umständen nicht unterdrücken – mit Booten ohne oder mit Halbdeck, dürftigen Vorräten, ohne wissenschaftliche Kenntnisse oder

Geräte . und die Sterne sind ihr einziger Führer über die weglose Wasserwüste.

Im Laufe der Zeit drängten ein oder zwei abenteuerlustige Reisende nach Asien, und die Menschen begannen zu erkennen, dass die Welt nicht die unbedeutende Scheibe, der Zylinder oder die Kugel war, für die sie sie gehalten hatten. Einer der wichtigsten dieser abenteuerlustigen Reisenden war vielleicht Marco Polo, ein Venezianer, der in der zweiten Hälfte des 13. Jahrhunderts lebte. Er machte die zentralen und östlichen Teile Asiens, Japan, die Inseln des Indischen Archipels, einen Teil des afrikanischen Kontinents und die Insel Madagaskar bekannt und gilt als Begründer der modernen Geographie Asiens.

Die Abenteuer dieses wunderbaren Mannes waren wirklich überraschend, und obwohl er in seinem Bericht über das, was er gesehen hatte, zweifellos etwas übertrieben hat, sind seine Erzählungen größtenteils wahrheitsgemäß. Er und seine Gefährten waren einundzwanzig Jahre lang auf ihren Reisen und Reisen abwesend.

Marco Polo starb; Aber das von ihm erschlossene Wissen über den Osten, seine Abenteuer und sein Reichtum blieben zurück und weckten die Energien der europäischen Nationen. Es lässt sich jedoch nicht sagen, wie lange die Welt in diesem Zwielicht des Wissens getappt wäre und die Seefahrer wie in vergangenen Tagen weiterhin „die Küste umarmt" hätten, wenn nicht ein Ereignis eingetreten wäre, das die Wissenschaft der Navigation sofort revolutioniert hätte . und bildete eine neue Ära in der Geschichte der Menschheit. Dies war die Erfindung des Seemannskompasses.

Kapitel fünf.

Der Kompass des Seefahrers – portugiesische Entdeckungen.

„Was *ist* der Kompass?" Jeder philosophische Jugendliche mit forschendem Gemüt wird natürlich fragen. Wir sagen nicht, dass alle Jugendlichen diese Anfrage stellen werden. Viele werden sofort sagen: „Oh, ich weiß! Es ist eine Nadel mit einer Karte oben drauf – manchmal auch eine Nadel mit einer Karte darunter –, die immer nach Norden zeigt und den Seeleuten zeigt, wie sie ihre Schiffe steuern sollen."

Wirklich sehr gut erklärt, mein selbstgenügsamer Freund; aber Sie haben die Frage nicht beantwortet. Sie haben uns erzählt, wie ein Kompass aussieht und welche Verwendungszwecke er hat. aber du hast noch nicht gesagt, was es *ist* . Ein Mann, der noch nie von einem Kompass gehört hatte, könnte ausrufen: „Was! eine Nadel! Handelt es sich um eine Stopfnadel, eine Stricknadel oder eine Durchziehnadel? Und welches Ende zeigt nach Norden – das Auge oder die Spitze? Und wenn man es mit der falschen Seite nach Norden auf den Tisch legt, dreht es sich dann von selbst um?"

Du lachst vielleicht und erklärst; aber es wäre besser gewesen, es zuerst richtig zu erklären. Daher:-

Der Seemannskompass ist ein kleiner, flacher Stab aus magnetisiertem Stahl, der, wenn er auf einem Drehpunkt balanciert wird, eines seiner Enden beharrlich zum Nordpol dreht – das andere natürlich zum Südpol; und das geschieht aufgrund seiner Magnetisierung . Über, manchmal auch unter diesem Stahlstab (der Nadel genannt wird) wird eine Karte befestigt, auf der die Himmelsrichtungen – Norden, Süden, Osten und Westen – mit ihren Unterteilungen oder Zwischenpunkten markiert sind, anhand derer die wahre Die Richtung eines beliebigen Punktes kann ermittelt werden.

"Aha!" Sie rufen aus: „ Herr Autor, aber Sie selbst haben einen Teil der Erklärung ausgelassen." *Warum* dreht sich die Nadel durch die Magnetisierung nach Norden?"

Ich antworte demütig: „Das kann ich nicht sagen." aber darüber hinaus behaupte ich selbstbewusst: „Das kann auch kein anderer." Die Tatsache ist bekannt, und wir sehen ihr Ergebnis; Aber der Grund, warum magnetisierter Stahl oder Eisen diese Tendenz, diese Polarität haben sollten, ist eines der Geheimnisse, die der Mensch bisher nicht durchdringen konnte und wahrscheinlich auch nie durchdringen wird.

Nachdem wir die Natur des Kompasses erklärt haben, soweit die Erklärung möglich ist, präsentieren wir unserem Leser ein Bild davon.

Man sieht, dass es vier große Punkte gibt – N, S, E und W – die oben erwähnten Kardinalpunkte, und dass diese durch zwölf kleinere Punkte mit einem kleinen schwarzen dreieckigen Punkt zwischen jedem und einer Vielzahl von Punkten unterteilt sind kleinere Punkte rund um den äußeren Kreis. Diesen Punkten ihre richtigen Namen zu geben, nennt man „Kompass-Boxen" – eine Lektion, die allen Seeleuten wie A, B, C in den Sinn kommt und die die meisten Jungen in ein paar Stunden lernen könnten.

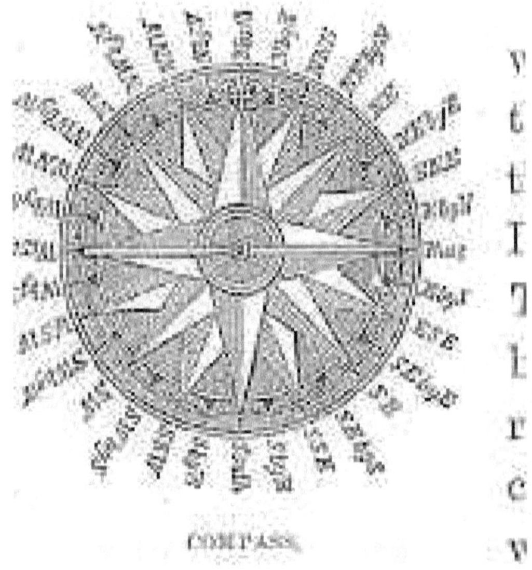

Für diejenigen, die sich das Wissen aneignen möchten, geben wir die folgende Erklärung: Beginnen wir mit dem Norden. Der große Punkt in der Mitte zwischen N und E (rechts) liegt *nordöstlich*. Der entsprechende Punkt in der Mitte zwischen N und W (nach links) liegt *nordwestlich*. Ein Blick zeigt, dass die entsprechenden Punkte in Richtung Süden jeweils *Südosten* und *Südwesten sind* (normalerweise werden SE und SW geschrieben, da die beiden ersteren Punkte NE und NW geschrieben werden). Nun ist es mit diesem Wissen sehr einfach, den Kompass abzulesen. Also: *Norden*, *Nordosten*, *Osten*, *Südosten*, *Süden*, *Südwesten*, *Westen*, *Nordwesten*, *Norden*. Beachten Sie jedoch, dass in der Sprache des Meeres das „*th*" über Bord geworfen wird, es sei denn, die Wörter „Nord" und „Süd" kommen allein vor. Wenn sie mit anderen Punkten verbunden werden, werden sie folgendermaßen ausgesprochen: nor'-east, sou'-east; und so weiter.

Um nun zu den kleineren Unterteilungen zu kommen, genügt es, ein Viertel des Kreises zu nehmen. Der Punkt in der Mitte zwischen NE und N ist

„nordnordöstlich" (NNE), und der entsprechende Punkt zwischen NE und E ist „Ostnordost" (ENE). Diese Punkte werden wiederum durch kleine schwarze Punkte unterteilt, die so benannt werden: – Der erste, nächste N., ist „Norden nach Osten" (N. nach E.); das entsprechende neben dem E. ist „Ost nach Norden" (E. nach N.). Der zweite *schwarze* Punkt von N. ist „Nordosten nach Norden" (NO nach N), und der entsprechende – nämlich der zweite schwarze Punkt aus Osten – ist „Nordosten nach Osten" (NO nach E.) .). Wenn wir also den Kompass ablesen, sagen wir – beginnend im Norden und dann weiter nach Osten – Norden: Norden nach Osten; nor'-nor'-osten; Nordosten für Norden; Nordosten; Nordosten für Osten; Osten Nordosten; von Osten nach Norden; Osten; – und so weiter mit den anderen Vierteln des Kreises.

So viel zum Thema „Den Kompass boxen". Die Art und Weise, wie es an Bord eines Schiffes verwendet wird, und die verschiedenen Instrumente, die in Verbindung damit beim Betrieb eines Schiffes auf See eingesetzt werden, werden kurz erklärt; Aber werfen wir zunächst einen Blick auf die Geschichte des Kompasses.

Es ist eine Frage großer Ungewissheit, wann, wo und von wem der Seemannskompass erfunden wurde. Flavio Gioia , ein neapolitanischer Kapitän oder Pilot, der zu Beginn des 14. Jahrhunderts lebte, galt in ganz Europa allgemein als Erfinder dieses nützlichen Instruments; Aber Zeit und Forschung haben neues Licht auf dieses Thema geworfen. Wahrscheinlich war der neapolitanische Pilot der erste, der den Kompass in Europa allgemein bekannt machte; Doch schon lange vor 1303 (dem Jahr, in dem sie erfunden worden sein soll) war den Chinesen die Verwendung der Magnetnadel bekannt.

Loadstone , das Mineral, das die geheimnisvolle Kraft besitzt, Eisen anzuziehen und dem Eisen auch seine eigene Anziehungskraft zu verleihen, war den Chinesen vor dem Jahr 121 bekannt. In diesem Jahr wurde ein berühmtes chinesisches Wörterbuch fertiggestellt, in dem das Wort „Magnet" *definiert* ist als „der Name eines Steins, der einer Nadel die Richtung vorgibt." Dies beweist nicht nur, dass sie die attraktiven Eigenschaften des Ladesteins und seine Fähigkeit, Metall diese Eigenschaften zu verleihen, kannten, sondern auch, dass sie sich der Polarität einer magnetisierten Nadel bewusst waren. Ein anderes chinesisches Wörterbuch, das zwischen dem 3. und 4. Jahrhundert veröffentlicht wurde, spricht von Schiffen, die ihren Kurs nach Süden durch den Magneten lenkten; und in einem 1112 in China veröffentlichten medizinischen Werk wird die *Variation* der Nadel erwähnt, was zeigt, dass die Chinesen die Nadel nicht nur als Orientierungshilfe auf See benutzt hatten, sondern auch eine ihrer bekannten Besonderheiten beobachtet hatten – nämlich , die Tendenz der Nadel, in einem *sehr geringen Grad* vom wahren Norden weg zu zeigen.

Auch im 13. Jahrhundert wird die Nadel von einem Dichter und zwei anderen Schriftstellern erwähnt; Was auch immer Flavio Gioia getan haben mag (und es ist wahrscheinlich, dass er viel getan hat), um den Kompass in Europa bekannt zu machen, er kann nicht als Erfinder bezeichnet werden. Diese Ehre gebührt zweifellos den Chinesen. Wie dem auch sei, der Kompass wurde erfunden; und im vierzehnten Jahrhundert begann die Revolution in den maritimen Angelegenheiten, auf die wir angespielt haben.

Die ersten Kompasse wurden seltsamerweise geformt. Die Chinesen verwendeten eine magnetisierte Nadel, die sie in ein Stück Binse oder Mark steckten, das in einem Wasserbecken schwamm und es ihnen so ermöglichte, sich frei zu bewegen und sich den Polen zuzuwenden. Sie stellten auch Nadeln in Form von Eisenfischen her. Ein arabischer Autor des dreizehnten Jahrhunderts schreibt so: „Ich habe gehört, dass die Kapitäne in den Indischen Meeren die Nadel und das Rohr durch einen hohlen, magnetisierten Eisenfisch ersetzten , so dass er, wenn er ins Wasser gelegt wurde, nach Norden zeigte." mit seinem Kopf und nach Süden mit seinem Schwanz. Der Grund dafür, dass der Eisenfisch nicht sinkt, liegt darin, dass metallische Körper, selbst die schwersten, schwimmen, wenn sie hohl sind und eine Wassermenge verdrängen, die größer ist als ihr eigenes Gewicht."

Die Verwendung des Kompasses auf See ist so einfach, dass sie nach dem Gesagten kaum einer Erklärung bedarf. Wenn ein Schiff einen Hafen anläuft, kennt es zunächst die Position des Hafens, von dem aus es in See sticht, sowie die Position, an die es fährt. Eine gerade Linie, die von einem zum anderen gezogen wird, ist ihr wahrer Kurs, vorausgesetzt, dass es auf dem gesamten Weg tiefes, ungehindertes Wasser gibt; und wenn der Kompass auf dieser Linie platziert wird, ist der Punkt des Kompasses, durch den er verläuft, der Punkt, nach dem sie steuern sollte. Angenommen, ihr Kurs verlief durch die Ostspitze des Kompasses: Die Schiffsspitze würde sofort in diese Richtung gedreht, und sie würde ihre Reise fortsetzen, wobei die Kompassnadel gerade über das Deck zeigt und die Ost- *und* Westpunkte gerade sind *entlang* .

In der tatsächlichen Navigationspraxis treten jedoch verschiedene Ursachen auf, die ein Schiff daran hindern, seinen wahren Kurs einzuhalten. Der Wind kann gegensätzlich sein, und die Strömungen können es entweder auf die eine oder die andere Seite treiben; während Landvorsprünge, Inseln und Untiefen sie dazu zwingen, von der direkten Linie abzuweichen. Ein Schiff macht auch das, was man „Spielraum" nennt; Das heißt, wenn der Wind auf ihrer Seite weht, bewegt sie sich nicht nur vorwärts, sondern gleitet auch seitlich durch das Wasser. So kann es im Laufe eines Tages erheblich von seinem wahren Kurs abweichen – im Seejargon heißt das: „Machen Sie viel Spielraum."

Angesichts dieser Hindernisse und Hemmnisse die Reise korrekt und sicher durchzuführen, ist Ziel und Zweck der Schifffahrt; und die Vorgehensweise ist wie folgt:

Beim Setzen der Segel wird die Stunde sorgfältig notiert, und von diesem Moment an werden Tag und Nacht bis zum Ende der Reise bestimmte Beobachtungen gemacht und in das Schiffstagebuch, das sogenannte Logbuch, eingetragen. Stündlich wird die Geschwindigkeit des Schiffes ermittelt und sorgfältig notiert. Die Himmelsrichtung, in die das Schiff gesteuert werden soll, wird vom Kapitän oder kommandierenden Offizier dem Steuermann mitgeteilt, der am Steuerrad steht und einen Kompass immer vor sich in einer Kiste, die „Binnacle" genannt wird, vor sich *hat*. Der Kurs wird nie geändert, es sei denn durch eindeutige Befehle der Befehlshaber; und wenn es geändert wird, werden die Stunde, zu der die Änderung vorgenommen wird, und der neue zu steuernde Kurs sorgfältig notiert. So kann am Ende des Tages oder bei Bedarf zu jedem anderen Zeitpunkt die Position des Schiffes ermittelt werden, indem sein Kurs auf einer Karte des Ozeans, über den es fährt, eingezeichnet wird – wobei korrekte Karten oder Karten erforderlich sind vom Kapitän vor dem Start zur Verfügung gestellt.

Die so vorgenommene Schätzung ist jedoch nicht absolut korrekt. Sie wird „*Dead-Reckoning*"genannt und stellt nur eine Annäherung an die Wahrheit dar, da Spielräume berücksichtigt werden müssen, die nur vermutet werden können. Es müssen auch stündliche Schwankungen der Segelgeschwindigkeit berücksichtigt werden, da die Winde nicht immer zu jeder Tageszeit mit genau der gleichen Stärke wehen. Im Gegenteil, sie können innerhalb einer Stunde mehrmals variieren, sowohl in der Stärke als auch in der Richtung. Diese Schwankungen müssen beobachtet und berücksichtigt werden; aber eine solche Zulage kann mehr oder weniger fehlerhaft sein. Möglicherweise hatten auch Strömungen einen unsichtbaren Einfluss auf das Schiff, was die Berechnung noch weniger korrekt machte. Dennoch ist die Koppelnavigation oft der einzige Leitfaden, auf den sich der Seemann tagelang verlassen muss, wenn Stürme und bewölkter Himmel ihn daran hindern, seine wahre Position auf andere Weise festzustellen, worüber wir gleich sprechen werden.

Natürlich gab es in den Anfängen der Schifffahrt keine Seekarten. Der Seefahrer wusste nicht, wohin er über die wilde Wasserwüste eilte; Aber indem er während der Fahrt aufs Meer die relative Position einiger Fixsterne zu seinem Kurs beobachtete, konnte er sich eine ungefähre Vorstellung davon machen, welchen Kurs er richtig steuern musste, um zum Hafen zurückzukehren, von dem er gestartet war.

Der Kompass zeigt dem Seemann also den Kurs, den er eingeschlagen hat, und das *Logbuch* (von dem wir später sprechen werden) ermöglicht es ihm, die Geschwindigkeit festzustellen, mit der er vorangekommen ist; während seine Chronometer oder Zeitmesser ihm die *Zeit anzeigen,* während der Kurs und Geschwindigkeit der Fahrt eingehalten wurden. Und mit dieser Methode der Koppelnavigation haben mutige Seeleute früher viele lange Kreuzfahrten auf unbekannten Tiefen erfolgreich durchgeführt; und mancher Seemann ist heutzutage fast vollständig darauf angewiesen, während bei dichtem, stürmischem Wetter *alle* tagelang, manchmal sogar wochenlang darauf angewiesen sind.

Das *Logbuch*, auf das wir uns bezogen haben, ist das Instrument, mit dem die Geschwindigkeit bestimmt wird, mit der ein Schiff vorankommt. Es handelt sich um eine sehr einfache Erfindung: ein dreieckiges Stück Holz von der Größe einer großen Untertasse, an dessen Ecken jeweils ein Stück dicke Schnur befestigt ist, wobei die Enden der Schnüre zusammengebunden sind, so dass der „Baumstamm“, wenn er hochgehalten wird, „„ wie es genannt wird, ähnelt einer Waage. Eine der Schnüre ist jedoch nur provisorisch mit einem Stift an ihrer Ecke befestigt, der sich bei kräftigem Ziehen herauslöst. Eine Kante des Dreiecks ist mit Blei beladen. Die gesamte Maschine ist an der „Log-Line“ befestigt – einer starken, viele Klafter langen Schnur, die auf einer großen Spule aufgewickelt ist.

Das „Werben des Baumstamms“, wie wir bereits sagten, findet stündlich statt. Ein Matrose steht mit einer Sanduhr daneben, die genau eine halbe Minute läuft. Ein anderer hält die Holzrolle; und ein Dritter wirft den Baumstamm über Bord und „zahlt“ die Linie so schnell aus, wie er die Walze zum Drehen bringen kann. Sobald die Sanduhr geworfen wird, dreht der erste Matrose die Sanduhr. Der einseitig beladene Baumstamm schwimmt senkrecht im Wasser und bleibt natürlich stationär; während der Mann, der es schwebt, verschiedene Knoten auf der Leine beobachtet, während sie über das Heck des Schiffes fahren, wobei jeder Knoten eine Meile Geschwindigkeit pro Stunde darstellt. Als das letzte Sandkorn auf den Boden des Glases fällt, gibt der erste Seemann ein scharfes Zeichen, und der zweite Matrose ergreift und überprüft die Leine, untersucht den Knoten, der seiner Hand am nächsten liegt, und weiß so sofort, wie viele Knoten oder Meilen das Schiff hat Segeln damals. Durch das plötzliche Anhalten der Leine wird der bereits erwähnte Pflock aus dem Baumstamm gerissen, wodurch die beiden anderen festen Schnüre ihn flach und widerstandslos über die Meeresoberfläche ziehen können, wenn die Leine aufgerollt und abgelegt wird. Der Flug von einer weiteren Stunde erfordert eine Wiederholung des Hebens des Baumstamms.

Mit fortschreitenden wissenschaftlichen Erkenntnissen wurden Instrumente mit besonderer und komplizierterer Form entwickelt, um den Seefahrern eine genauere Bestimmung ihrer Position auf der Meeresoberfläche zu ermöglichen. aber sie haben die Methode der Koppelnavigation nicht verdrängt und werden dies auch nie tun – aus dem Grund, dass letztere jederzeit praktiziert werden kann, während erstere nutzlos sind, es sei denn, Sonne, Mond oder Sterne sind sichtbar, was in manchen Fällen der Fall ist Breitengrade sind sie viele Tage und Wochen lang nicht, wenn Wolken und Nebel den hellen Himmel verdecken.

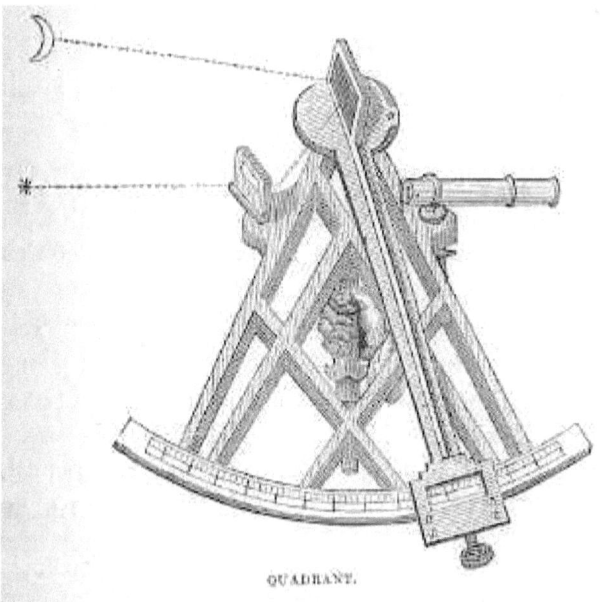

Der *Quadrant* ist das wichtigste dieser Instrumente. Es ist auf der nächsten Seite dargestellt. Hierüber kurz und bündig zu berichten, würde mehr Platz beanspruchen, als wir entbehren können. Für den allgemeinen Leser mag es genügen zu sagen, dass durch die Beobachtung der genauen Position der Sonne am Mittag oder des Mondes oder eines Sterns im Verhältnis zum Horizont die genaue Breite eines Schiffes ermittelt werden kann – das heißt seine Entfernung nördlich oder *südlich* von der Äquator – ermittelt wird. Die Methode der „Beobachtung" ist kompliziert und schwer zu erklären und zu verstehen. Wir verweisen diejenigen, die sich für diesen Punkt interessieren, auf Abhandlungen über die Navigation.

Chronometer sind äußerst filigrane und perfekte Zeitmesser bzw. Uhren, die zu Beginn einer Reise sehr sorgfältig eingestellt werden. Dadurch wird die *Zeit* am *Meridian* , von dem aus ein Schiff startet, während der Reise eingehalten. Durch Beobachtung der Sonne mit dem Quadranten oder Sextanten (einem etwas ähnlichen Instrument) kann die wahre Zeit zu jedem bestimmten Zeitpunkt der Reise ermittelt werden. Es wurde festgestellt, dass zwischen der Zeit am Ort der Beobachtung und der Zeit des Chronometers ein *Unterschied besteht. Eine auf dieser Differenz basierende Berechnung ergibt den Längengrad* des Schiffes , das heißt seine Entfernung östlich oder westlich des Meridians, der durch Greenwich verläuft. Dieser Meridian ist eine imaginäre Linie, die in Längsrichtung um die Welt gezogen wird und durch den Nord- und Südpol verläuft, während der Äquator eine Linie ist, die in Breitenrichtung um die Welt verläuft.

Wenn der Breiten- und Längengrad eines Schiffes ermittelt und eine Linie durch die erste Parallele zum Äquator und eine weitere Linie durch die zweite Parallele zum ersten Meridian gezogen wurden, ist der Punkt, an dem sich diese beiden Linien schneiden, die genaue Position des Schiffes auf *dem* Meridian Meer.

Größe und Form der Schiffe verbesserten sich allmählich, der Kompass und andere wissenschaftliche Geräte wurden entdeckt, auch Kanonen und Schießpulver wurden erfunden, und die Seeleute wurden mutiger und waghalsiger; und schließlich begann die portugiesische Nation die Karriere des maritimen Unternehmertums, die ihr die Bewunderung der Welt einbrachte.

Zu Beginn des 14. Jahrhunderts (1330) wurden die vor der Westküste Afrikas liegenden Kanarischen Inseln durch den Unfall eines französischen Schiffes wiederentdeckt, das bei einem Sturm von der Küste weggetrieben wurde und zwischen ihnen Schutz fand. Diese Gruppe war den Alten unter dem Namen „Glücksinseln" bekannt, geriet jedoch mehr als tausend Jahre lang in Vergessenheit. Im Laufe des Jahrhunderts fassten die Spanier den Mut, Entdeckungen zu machen und dort Siedlungen zu errichten, obwohl sie dadurch gezwungen waren, die vielgefürchtete Tortur auf sich zu nehmen – außer Sichtweite *ihres* einst liebevoll „umarmten" Landes zu segeln!

Zu Beginn des nächsten Jahrhunderts erschien ein Prinz, Don Heinrich, Sohn von Johannes dem Ersten von Portugal, dessen Bemühen, Entdeckungen voranzutreiben und einen Seeweg entlang der Küste Afrikas nach Indien zu finden, ihn dazu veranlasste, viele Expeditionen auszusenden , die allesamt etwas bewirkten und viele von ihnen erheblich zum geographischen Wissen der damaligen Welt beitrugen. Von Zeit zu Zeit von ihm ausgesandte Seefahrer entdeckten die Madeira-Inseln; segelte eine beträchtliche Strecke entlang der Westküste Afrikas; stellte das Vorhandensein von Goldstaub unter den Wilden im Golf von Guinea fest; entdeckte neben zahlreichen anderen Inseln und Ländern auch die Azoren;

überquerte den Äquator und näherte sich dem südlichsten Kap Afrikas bis auf etwa achtzehnhundert Meilen.

Die Entdeckung des Goldstaubs weckte die Energien der Portugiesen in bemerkenswertem Maße und veranlasste sie, voller Freude Unternehmungen zu unternehmen, die sie ohne diesen Anreiz wahrscheinlich nie unternommen hätten. Außerdem hatten sie nun gelernt, sich weniger vor dem Gedanken zu fürchten, das Land aus den Augen zu verlieren; und gegen Ende des fünfzehnten Jahrhunderts (1486) erreichte Bartholomew Diaz, ein Beamter aus dem Haushalt von Johannes dem Zweiten, das große Ziel, das sich die Portugiesen seit langem sehnlichst gewünscht hatten – er verdoppelte das große Südkap Afrikas, das King John nannte das „Kap der Guten Hoffnung", obwohl Diaz es „Kap der Stürme" genannt hatte. Auf diesen Umstand wird von einem Dichter dieser Zeit hingewiesen:

> „Am Hofe Lissabons erzählten sie von ihrer schrecklichen Flucht
>
> und benannten das Kap nach seinen tobenden Stürmen.
>
> ‚Du südlichster Punkt', rief der freudige König,
>
> ‚ *Kap der Guten Hoffnung*, sei dir für immer ein Name!'"

Kapitel Sechs.

Boote, Modellbootbau usw.

Nachdem wir das Thema der antiken Schiffe und der Schifffahrt verlassen haben, wenden wir uns nun den neueren Taten des Menschen auf dem Ozean zu und widmen, bevor wir uns mit den Einzelheiten der Schiffe und des Schiffbaus befassen, ein wenig Zeit und Raum für die Betrachtung Boote.

Es gibt eine große Vielfalt an Booten – was Form, Größe, Material und Verwendung betrifft – so dass es nicht einfach ist, sich zu entscheiden, auf welches wir unsere Aufmerksamkeit zuerst richten sollen. Es gibt große und kleine, lange und kurze Boote; flache, runde, scharfe und steile Formen – einige ungeschickt, andere elegant. Bestimmte Boote werden für den Transport von Gütern gebaut, andere für Kriegszwecke. Einige sind zum Segeln gedacht, andere zum Rudern; und während viele Arten geschäftlichen Zwecken dienen, sind andere ausschließlich zum Vergnügen gedacht. Bevor wir uns auf eines davon beziehen, werden unsere jungen Leser vielleicht nichts dagegen haben, wenn ihnen gesagt wird, wie man Folgendes konstruiert:

Ein Modellboot.

Wir brauchen kaum zu sagen, dass es für einen Jungen nicht sinnvoll ist, zu versuchen, ein Modellboot auf die gleiche Weise zu bauen, wie ein normaler Bootsbauer eines für den tatsächlichen Gebrauch baut. Es würde einen unnötigen Arbeitsaufwand erfordern , auf herkömmliche Weise einen Kiel zu legen und Rippen und Nägel auf Planken zu formen, denn für alle praktischen Zwecke ist ein aus einem massiven Holzblock geschnittenes Boot genauso nützlich und noch viel mehr leicht gemacht.

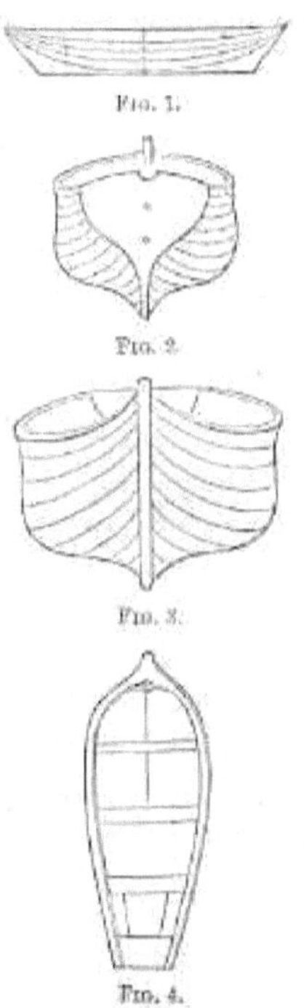

Das erste, was Sie also tun müssen, mein junger Bootsbauer, ist, einen Hafen oder Strand zu besuchen, wo es verschiedene Boote gibt, und nachdem Sie sich darüber Gedanken gemacht haben, welches davon Sie kopieren möchten, bauen Sie es an eine sorgfältige Umrisszeichnung seiner Form in vier verschiedenen Positionen. Zuerst eine Seitenansicht, wie in Abbildung 1. Dann das Heck, mit sichtbaren gewölbten Seiten des Bootes, wie in Abbildung 2. Der Bug, wie in Abbildung 3; und eine Vogelperspektive, wie in Abbildung 4. Die letzte Zeichnung kann durch Besteigen einer benachbarten Anhöhe, beispielsweise einer Bank oder eines größeren Bootes, oder, wenn dies nicht möglich ist, durch Besteigen des Hecks des Bootes selbst erstellt werden , und schaute so darauf herab. Diese vier Zeichnungen werden Ihnen dabei helfen, Ihr Modell richtig zu formen. Denn während Sie mit dem Schnitzen fortfahren, können Sie feststellen, ob Sie richtig vorankommen, indem Sie das Modell in der gleichen Position wie eine der Zeichnungen halten. Und wenn Sie in diesen vier Positionen die richtige Form Ihres Bootes erreichen, werden Sie mit ziemlicher Sicherheit ein gutes Boot bauen. Wenn Sie hingegen ohne Zeichnungen an die Arbeit gehen, ist die Wahrscheinlichkeit groß, dass Ihr Boot schief steht, was ein gleichmäßiges Schwimmen verhindert; oder krumm, was beim Segeln dazu neigt, die Geschwindigkeit zu beeinträchtigen, außerdem ist es ungeschickt und nicht „schiffsförmig", wie die Segler es nennen.

Abbildung 1 gibt Ihnen hinsichtlich der relativen Länge und Tiefe Aufschluss. Abbildung 2 hinsichtlich der Form des Hecks und der Ausbuchtung der Seiten; Abbildung 3 stellt die korrekte Form des Bogens sicher; und Abbildung 4 ermöglicht Ihnen das Verhältnis der Breite zur Länge.

Als nächstes besorgen Sie sich einen Block Tannenholz mit möglichst wenigen Ästen und gerader Maserung. Die Größe ist eine Frage der Wahl – jede Größe von 1 Fuß bis 18 Zoll ist für ein Modellboot sehr gut geeignet. Bevor mit dem Schnitzen begonnen wird, sollte es auf allen Seiten ganz glatt und eben gehobelt und die Enden vollkommen rechtwinklig abgeschnitten werden, damit die erforderlichen Bleistiftzeichnungen darauf angefertigt werden können.

Die benötigten Werkzeuge sind eine kleine Zapfensäge, ein Meißel, zwei oder drei Hohleisen unterschiedlicher Größe, ein Speichenhobel und eine Feile mit einer Seite flach und der anderen rund. Eine grobe Raspelfeile und ein Zirkel sind ebenfalls hilfreich. All dies sollte äußerst scharf sein. Die Meissel und der Speichenhobel erweisen sich als die nützlichsten dieser Geräte.

Beginnen Sie damit, mit dem Bleistift eine gerade Linie genau in der Mitte des künftigen Decks zu zeichnen. Setzen Sie es bis zum Teil fort, der das Heck sein wird. Tragen Sie es dann an der Unterseite des Blocks entlang, wo sich der Kiel befindet, und am vorderen Teil oder Bug hinauf. Wenn diese Linie korrekt gezeichnet wurde, trifft ihr Ende genau auf die Stelle, an der Sie

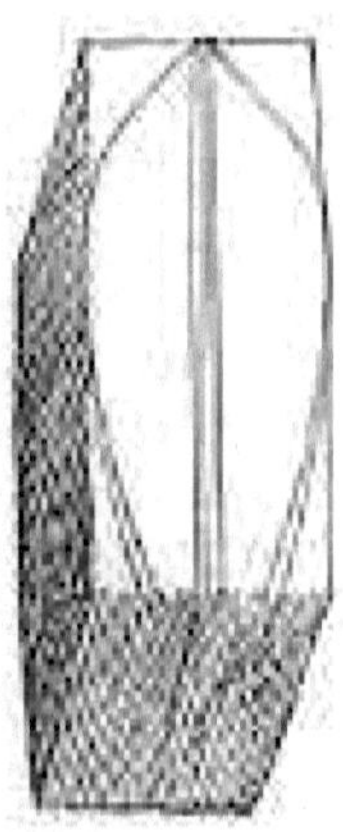

mit dem Zeichnen begonnen haben. Von der Richtigkeit dieser Zeile wird viel abhängen; Daher ist es notwendig, beim Ermitteln der Mitte jeder Oberfläche des Blocks mit dem Zirkel vorsichtig und präzise vorzugehen. Zeichnen Sie als Nächstes auf jeder Seite dieser Mittellinie eine Linie (wie in der beigefügten Abbildung), die die Dicke des Kiels und des Heckpfostens angibt. Zeichnen Sie dann auf der Oberseite des Blocks die Form des Bootes entsprechend der bereits erwähnten Vogelperspektive (Abbildung 4, auf Seite 82). Zeichnen Sie dann *eine Hälfte* des Hecks auf ein Stück dünne Pappe und schneiden Sie es mit einer Schere aus, wenn Sie sicher sind, dass es richtig ist. Tragen Sie es zuerst auf einer Seite und dann auf der anderen Seite des Heckpfostens auf das Modell auf. Durch die Verwendung eines Musters von nur einer Hälfte des Hecks wird eine exakte Gleichmäßigkeit der beiden Seiten sichergestellt. Behandeln Sie den Bogen genauso. Natürlich wird das Muster des Bugs zunächst auf der *flachen* Oberfläche des Blocks gezeichnet und stellt nicht den eigentlichen Bug dar, sondern den dicksten Teil des Rumpfes, wie in der Position von Abbildung 3 auf Seite 82 zu sehen ist. Drehen Sie danach die Seite des Blocks um, zeichnen Sie die in Abbildung 1, Seite 82, dargestellte Form darauf und markieren Sie auf dem Kiel den *Punkt* , an dem sich der Bug und der Kiel verbinden, sowie auch die Stelle, an der sich Heck und Kiel verbinden. Dies ist notwendig, da beim Schnitzen der Seiten des Bootes diese Linien zu den ersten gehören, die weggeschnitten werden. Der nächste Schritt besteht darin, die Seiten und den Boden des Blocks wegzuschneiden, bis, wenn man ihn in den richtigen Positionen betrachtet, der Bug der Abbildung 3 und das Heck der Abbildung 2 ähnelt, wie oben erwähnt. Dies geschieht hauptsächlich mit dem Hohleisen, während der Meißel und der Speichenhobel für die Endbearbeitung reserviert sind. Sägen Sie dann die Teile des Bugs und Hecks ab, die diesen Teilen die erforderliche Neigung verleihen, und orientieren Sie sich dabei an den auf dem Kiel angebrachten Markierungen. Lassen Sie sich beim Abschneiden der oberen Teile von Bug und Heck von den geschwungenen Linien auf dem Deck leiten; Behalten Sie beim Formen der unteren Teile derselben Teile Ihre Zeichnung im Auge, die in Abbildung 1 dargestellt ist.

Es empfiehlt sich, zuerst eine Seite des Bootes fertigzustellen, damit die andere Seite durch Messung und Vergleich genau gleich gemacht werden kann. Wer in diesem Punkt ganz genau sein möchte, kann eine nahezu exakte Gleichmäßigkeit der beiden Seiten erzielen, indem er mehrere Formen (drei genügen) aus Pappe ausschneidet . Diese Formen müssen so zugeschnitten werden, dass sie an drei markierte Punkte auf der *fertigen* Seite passen, wie durch drei gepunktete Linien in Abbildung 1 dargestellt; Anschließend muss die unbearbeitete Seite so zugeschnitten werden, dass sie an den entsprechenden Stellen in die Formen passt. Wenn die beiden Seiten an diesen drei Punkten völlig gleich sind, ist es fast unmöglich, beim Wegschneiden des Holzes zwischen ihnen einen großen Fehler zu machen — für den Rest reicht das Auge als Orientierungshilfe aus.

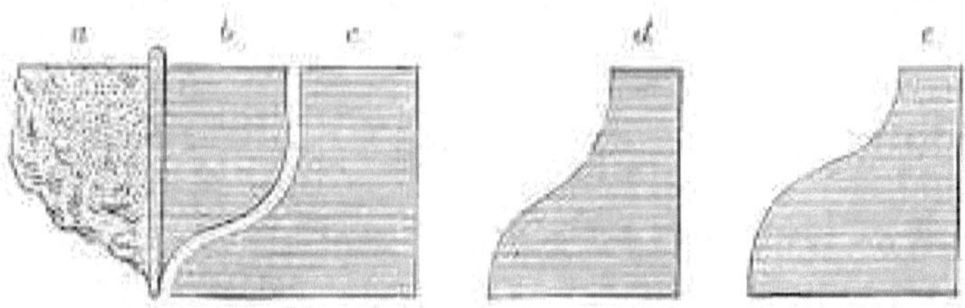

Das beigefügte Diagramm zeigt die drei erwähnten Formen , von denen eine *nahezu* auf den fertigen Teil des Rumpfes aufgebracht wird, zu dem sie gehört. Somit stellt (a) die unvollendete Seite des Bootes dar; (b) die fertige Seite; (c) ist die Form oder Karte so zugeschnitten, dass sie mit dem breitesten Teil der fertigen Seite, nahe der Mitte des Bootes, übereinstimmt; (d) ist die Form für den Teil in der Nähe des Bugs; (e) für das in der Nähe des Hecks. Bei diesen Zeichnungen handelt es sich um grobe Zeichnungen, die Ihnen den Plan verdeutlichen sollen, nach dem Sie vorgehen sollten. Die genauen Formen hängen von Ihrem eigenen Geschmack oder Ihrer Vorstellung ab, wie sich die unterschiedlich geformten Boote, die Sie untersucht haben, gestalten. Und hier sei angemerkt, dass alles, was wir zum Ausschneiden von Modellbooten gesagt haben, auch für Modellschiffe gilt.

VIEW OF THE BOW.

Nachdem die Außenseite Ihres Bootes fertiggestellt ist, der Bug in etwa so geformt ist, wie im beigefügten Schnitt dargestellt, und das Heck so geformt ist, wie es in der Abbildung unten gezeigt ist, müssen Sie als Nächstes den Rumpf aushöhlen . Dabei muss darauf geachtet werden, nicht zu viel Holz von einem Teil wegzuschneiden oder zu viel an einem anderen Teil übrig zu lassen; Überall darf etwas mehr als einen halben Zoll Dicke übrig bleiben. Als nächstes befestigen Sie die Duchten oder Sitze wie im vorherigen Schnitt, bringen einen bleiernen Kiel an und fertig ist das Boot.

Der Kiel kann geformt werden, indem man geschmolzenes Blei in eine in ein Stück Holz geschnittene Rille oder, noch besser, in eine Rille aus fast trockenem Ton laufen lässt. Wenn man vor dem Eingießen des geschmolzenen Bleis vier oder fünf Nägel (gut gefettet) in die Nut eintreibt, können Löcher im Kiel entstehen, indem man die Nägel nach dem Erkalten einfach herauszieht.

Ein Mast und ein Segel werden jedoch weiterhin gesucht. Die beste Segelart ist das Lug-Segel, ein längliches quadratisches Segel, wie in der beigefügten Abbildung dargestellt.

Die meisten unserer Fischerboote sind mit Stollensegeln ausgestattet und werden daher als Lugger bezeichnet. Diese Boote gibt es in allen Größen, einige von ihnen wiegen fünfzig Tonnen und befördern eine Besatzung von jeweils sieben oder zehn Mann. Ein Bild eines Luggers finden Sie auf der nächsten Seite.

In Great Yarmouth und entlang der Küsten von Norfolk und Suffolk sind zahlreiche Fischerboote zu sehen. Sie werden in der Heringsfischerei eingesetzt und benutzen Netze, die in tiefem Wasser herabgelassen werden, wobei an den oberen Rändern der Netze Korken schwimmen und die unteren Ränder durch Leinen versenkt werden, so dass sie senkrecht wie Mauern im Wasser bleiben. und die Heringsschwärme abfangen,

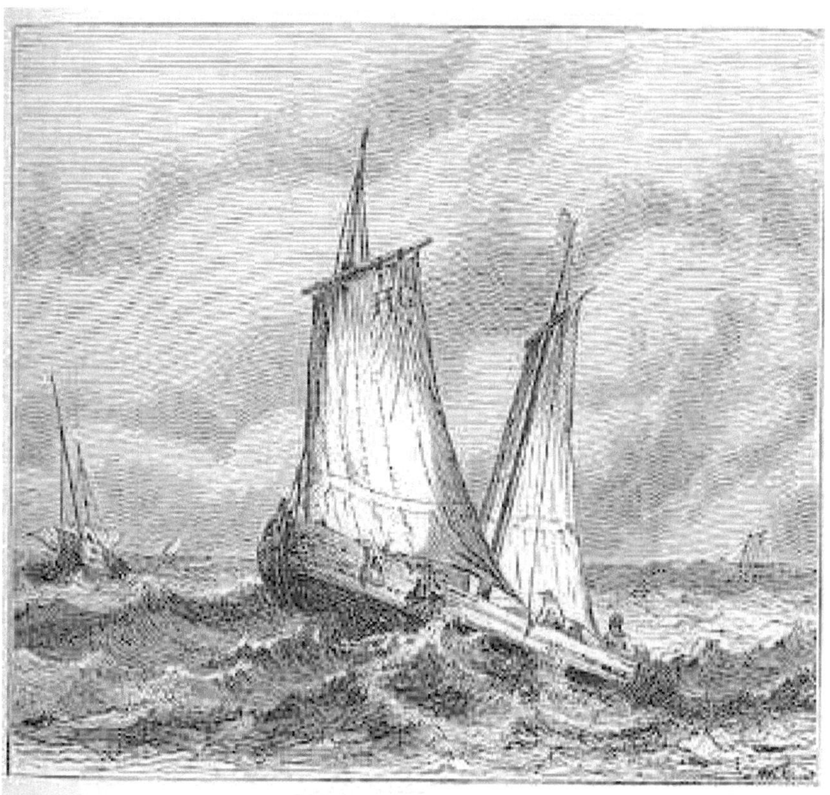

wenn sie vorbeikommen. Tausende dieser silbrig glitzernden Fische verfangen sich nachts in den Maschen. Dann werden die Netze ausgezogen, die Fische herausgeholt und in einen „Brunnen" geworfen, von wo aus sie so schnell wie möglich entfernt, gesalzen und in Schließfächer verpackt werden; während die Netze wieder ins Meer geworfen werden. Diese Boote bleiben normalerweise jeweils eine Woche draußen. Die meisten von ihnen kehren am Samstag in den Hafen zurück, um den Sonntag als Ruhetag zu nutzen. Einige jedoch – ungeachtet der Tatsache, dass Er, der ihnen den Fisch mit so großzügiger Hand gibt, ihnen auch den Befehl gegeben hat: „Gedenke des Sabbattages" – fahren damit fort, an diesem Tag zu fischen. Doch so mancher gute Mann unter den Fischern hat bezeugt, dass diese durch ihren Ungehorsam keinen zusätzlichen Reichtum erlangen; während sie in Sachen Netze (die unter dem Mangel an häufigem Trocknen leiden) und in Sachen Gesundheit (die ohne einen wöchentlichen Ruhetag nicht so gut aufrechterhalten werden kann) verlieren, während es keinen Zweifel daran geben kann, dass sie den unschätzbaren Segen verlieren eines guten

Gewissens. So wahr ist es, dass Frömmigkeit sowohl für das gegenwärtige als auch für das künftige Leben von Nutzen ist.

Ein Modellboot sollte nur mit einem Mast und Stollensegel, höchstens aber mit zwei Masten und Segeln ausgestattet sein. Drei sind unnötig und umständlich. Jedes Segel sollte an einer Rahe befestigt werden, die mit einem Block oder einer Rolle, die in der Nähe der Mastspitze befestigt ist, hochgezogen oder heruntergezogen werden sollte. Die Positionen dieser Rahen und die Form der Segel können durch einen Blick auf unseren Holzschnitt leichter verstanden werden als durch die Lektüre zahlreicher Beschreibungsseiten.

Sprietsegel werden manchmal in Booten verwendet. Hierbei handelt es sich um Längssegel, die durch einen Spriet statt durch eine Rahe aufgespannt gehalten werden. Der Spriet ist eine lange Stange, deren eines Ende an der untersten *innersten Ecke in der Nähe des Mastes* befestigt ist und deren anderes Ende bis zur höchsten *äußersten* Ecke reicht; es liegt also diagonal über dem Segel. Es ist praktisch, wenn ein Boot „wendet" oder „umherfährt" – mit anderen Worten, wenn es häufig dreht und segelt, jetzt auf der einen Seite und bei der nächsten Wende auf der anderen Seite geneigt. In diesem Fall erfordert der Geist wenig Bewegung oder Aufmerksamkeit. Bei stürmischem Wetter ist es jedoch gefährlich, denn obwohl die Schot oder Leine, die das untere und *äußere* Ende eines Segels hält, aus Sicherheitsgründen losgelassen werden kann, bleibt der obere Teil aufgrund des Windes im Wind ausgebreitet.

Das beste Rigg von allen für ein Modellboot und in der Tat für ein Vergnügungsboot ist das, das ein Hauptsegel in der Form einer Schaluppe oder eines Kutters, ohne den Ausleger oder die Unterrahe, und ein dreieckiges Vorschiff umfasst -Segel, das sich von der Nähe des Mastes bis zum Bug des Bootes oder bis zum Ende des Bugspriets erstreckt – ähnlich dem Fock einer Schaluppe. Beide erwähnten Segel sind in dem Teil dieses Buches zu sehen, in dem es um Schaluppen und Kutter geht; und wenn sie auf Boote angewendet werden, sind sie in der Form gleich, mit nur geringfügigen Änderungen.

Rennboote sind lang, niedrig, schmal und leicht. Einige sind so schmal, dass eiserne Ruderschlösser erforderlich sind, die weit über die Seiten des Bootes hinausragen, damit die Ruder darin ruhen können. Viele dieser leichten Boote sind auf der Themse und dem Clyde sowie auf anderen Flüssen im gesamten Königreich zu sehen. Bei den größeren Modellen sind keine so genannten Outrigger Rowlocks erforderlich.

Das „Rob Roy"-Kanu ist in den letzten Jahren als Renn- und Vergnügungsboot stark in Mode gekommen. Was auch immer die Vorteile dieses Fahrzeugs sein mögen, es hat den Nachteil, dass es nur eine Person aufnehmen kann; so dass es als ungeselliges Fahrzeug bezeichnet werden kann, da die Gesellschaft eines oder mehrerer Freunde unmöglich ist, es sei denn, tatsächlich fahren ein oder mehrere Kanus in Gesellschaft.

Diese Kanuart wurde vor einigen Jahren berühmt, als Herr Macgregor eine interessante und abenteuerliche Reise von tausend Meilen durch Deutschland, die Schweiz und Frankreich und anschließend durch einen Teil Norwegens und Schwedens mit einem solchen Boot unternahm Art, der er den Namen „Rob Roy" gab. Seitdem das Boot populär wurde, wurden zahlreiche und wichtige Verbesserungen an der Konstruktion seines Rumpfes und einiger Teile vorgenommen, seine besonderen Merkmale blieben jedoch unverändert. Das „Rob Roy"-Kanu ist in der Tat fast identisch mit dem Eskimo-Kajak, außer in Bezug auf das Material, aus dem es besteht – ersteres besteht vollständig aus Holz, letzteres aus einem mit Haut überzogenen Holzgerüst. Es gibt die gleiche lange, niedrige, fischartige Form, das gleiche Deck, fast auf Wasserhöhe, das gleiche Loch in der Mitte für den Einlass des Mannes, die gleiche Schürze, um Wasser fernzuhalten, und die gleiche Länge , doppelblättriges Paddel, das abwechselnd auf beiden Seiten eingetaucht wird. Der „Rob Roy" verfügt jedoch zusätzlich über einen kleinen Mast, ein Stollensegel und einen Fock. Es hat auch ein Rückenbrett, um den Rücken des Kanuten zu stützen ; Auch das Paddel ist etwas kürzer als das des Eskimokanus; und die ganze Angelegenheit ist intelligenter und entspricht mehr dem Geschmack und den Gewohnheiten der zivilisierten Männer, die es benutzen.

Auf seinen verschiedenen Reisen, die man fast als Reisen bezeichnen könnte, bewies der Erfinder des „Rob Roy"-Kanu schlüssig, dass es nur wenige irdische Objekte gab, die ihm beim Fortkommen im Weg stehen könnten. Als sein Kanu ihn nicht tragen konnte, trug er es! Wasserfälle konnten ihn nicht aufhalten, denn er landete darunter und trug sein Kanu und eine kleine Menge Gepäck in das glatte Wasser über den Wasserfällen. Dabei folgte er dem Beispiel der Pelzhändler und Indianer Nordamerikas, die auf diese Weise kilometerweit durch die Wildnis reisen. Untiefen konnten ihn nicht aufhalten, da seine kleine Rinde nur wenige Zentimeter Wasser aufnahm. Turbulentes Wasser konnte ihn nicht überschwemmen, denn die Wellen spülten harmlos über sein glattes Deck und kreisten unschuldig um seine schützende Schürze. Selbst weite Landstriche konnten ihn nicht aufhalten, denn Schubkarren, Karren oder Eisenbahnen konnten sein Kanu problemlos über jede beliebige Entfernung hin und her transportieren; So dass, wenn ihm das Wasser eines Flusses ausging, das Wasser des nächstgelegenen Flusses leicht zur Verfügung stand. Zusammenfassend lässt sich sagen, dass das „Rob Roy"-Kanu ein äußerst nützliches und angenehmes Fahrzeug für Jungen und junge Männer ist, insbesondere an den Wasserstellen, die keinen

Hafen oder Pier haben und wo sie aufgrund der Flachheit des Wassers sehr beliebt sind Strand, Boote können nicht ohne weiteres genutzt werden.

Es wäre eine schier endlose und unrentable Aufgabe, die Namen und Eigenschaften aller unserer verschiedenen Bootstypen im Detail durchzugehen.

Wir verfügen über eine unzählige Flotte von schweren und schwerfälligen Flussschiffen.

Es gibt auch *Torbay- Trawler* , Kutter mit einem Gewicht von 20 bis 50 Tonnen; und die Heringsboote Schottlands; und Kopfsteinpflaster, das sind breite, steile, kleine Boote; und Kähne, die breit, steil und groß sind; und Boote und Scows und viele andere.

In fremden Ländern trifft man auf viele neugierige Boote. Die anmutigsten unter ihnen sind vielleicht diejenigen, die lateinamerikanische Segel tragen — riesige dreieckige Segel, von denen jedes Boot normalerweise nur eines trägt.

Gummiboote , die mit zwei Blasebälgen aufgeblasen werden können und im gefüllten Zustand ein halbes Dutzend oder mehr Männer tragen können, während sie im leeren Zustand zusammengerollt und auf dem Rücken eines Bootes getragen werden können Mann, oder in einem Karren. Ein Boot dieser Art haben wir einmal gesehen und sind hineingepaddelt. Es hatte die

Form eines Umhangs und konnte ganz einfach auf den Schultern getragen werden. Im aufgeblasenen Zustand bildete es eine Art ovales Kanu, das durchaus eine Person tragen konnte. Wir sprechen aus Erfahrung, nachdem wir es vor einigen Jahren auf der Serpentine ausprobiert haben und festgestellt haben, dass es extrem schwimmfähig ist, aber wegen seiner kreisförmigen Form und dem Fehlen von Schnittwasser oder Kiel ein wenig dazu neigt, sich bei jedem Paddelschlag zu drehen .

Von allen schwimmenden Booten ist das Rettungsboot sicherlich eines der interessantesten; Vielleicht ist es nicht übertrieben, hinzuzufügen, dass es auch eines der nützlichsten ist. Aber dieses Boot verdient ein eigenes Kapitel.

Kapitel sieben.

Rettungsboote und Feuerschiffe.

Als unsere edle Rettungsboot-Institution noch in den Kinderschuhen steckte, vollbrachte eine junge Frau eine Tat, die sofort die extreme Gefahr verdeutlicht, der sich diejenigen aussetzen müssen, die versuchen, Schiffbrüchige zu retten, und die große Not, die vor dreißig Jahren bestand Es gab bessere Vorkehrungen als damals, um unsere ausgedehnte Küste vor den schlimmen Folgen von Sturm und Schiffbruch zu schützen . Es ist unserer Meinung nach nicht unangemessen, unser Kapitel über Rettungsboote mit einem kurzen Bericht über die Heldentat von zu beginnen:

Grace Darling.

Es gibt nicht viele Frauen, die wie Jeanne d'Arc ihre Hände in die Arbeit stecken, die dem männlichen Geschlecht eigen ist, und sich dadurch unsterblichen Ruhm erringen. Und unter diesen gibt es in der Tat nur sehr wenige, die, indem sie ihre natürliche Sphäre verlassen und männliche Pflichten übernehmen, ihre weibliche Bescheidenheit und Sanftmut bewahren.

Eine solche war jedoch Grace Darling. Tatsächlich gab sie ihre Stellung nicht ganz auf und folgte einem dem männlichen Geschlecht eigentümlichen Weg; Doch einmal ergriff sie das Ruder, stürzte sich furchtlos auf das tosende Meer und vollbrachte eine Tat, auf die starke und kühne Männer stolz hätten sein können – die die staunende Bewunderung ihres Landes hervorrief und ihren Namen unauflöslich mit den Annalen verbunden machte von heldenhaftem Wagemut bei der Rettung von Menschenleben vor Schiffen, die an unseren felsigen Küsten Schiffbruch erlitten haben.

Grace Darling wurde im November 1815 in Bamborough an der Küste von Northumberland geboren. Ihr Vater war Hüter des Leuchtturms auf Longstone, einer der vor dieser Küste liegenden Farne- Inseln; und hier, auf einem bloßen Stück Felsen, umgeben vom Meer und oft von den heulenden Stürmen und den schäumenden Brandungen dieses gefährlichen Ortes verbracht, verbrachte unsere Heldin den größten Teil ihres Lebens, fast völlig abgeschnitten von den Freuden und Bestrebungen der Welt geschäftige Welt. Sie und ihre Mutter kümmerten sich um die Hauswirtschaft des Leuchtturms auf der kleinen Insel, während ihr Vater die Laterne trimmte, die ein freundliches Licht ausstrahlte, um die Seeleute vor dieser gefährlichen Küste zu warnen.

In ihrem persönlichen Erscheinungsbild wird Grace Darling als hübsch und hübsch beschrieben, mit einem sanften, bescheidenen Gesichtsausdruck; etwa mittelgroß; und sie hatte nichts im Geringsten Männliches an sich. Sie hatte ihr zweiundzwanzigstes Lebensjahr erreicht, als sich der Unfall ereignete, durch den ihr Name berühmt wurde.

Die Farne- Inseln sind besonders gefährlich. Das Meer rauscht mit ungeheurer Kraft zwischen den kleineren Inseln hin und her, und trotz des Warnlichts kommt es zwischen ihnen gelegentlich zu Schiffbrüchen. In alten Zeiten, als die Menschen weder den Mut noch den Kopf hatten, Leuchttürme zum Schutz ihrer Mitmenschen zu errichten, muss dort so manches edle Schiff zerschmettert worden sein, und mancher schreckliche Schrei muss sich mit dem heiseren Brüllen der Brandung vermischt haben diese zerrissenen und verwitterten Felsen.

Ein Herr, der den Longstone-Felsen im Jahr 1838 besuchte, beschreibt ihn folgendermaßen:

„Es war, wie der Rest dieser einsamen Inseln, ganz aus dunklem Weißstein, in alle Richtungen rissig und seit Anbeginn der Welt durch die Einwirkung von Winden, Wellen und Stürmen abgenutzt. Auf dem größten Teil war weder ein Grashalm noch ein Erdkorn zu sehen; Es war nackter, eisenartiger Stein, verkrustet, entlang der gesamten Küste bis zur Hochwassermarke, mit Napfschnecken und noch kleineren Muscheln. Wir stiegen faltige Hügel aus schwarzem Stein hinauf und stiegen in abgenutzte und düstere Täler derselben hinab; In einige von ihnen, wo die Flut eindrang, strömte sie tosend und tosend in tosendem Weiß, wirbelte die losen Bruchstücke des Whinstones in runde Kieselsteine auf und häufte sie in tiefen Spalten mit Seegras auf, wie große runde Seile und Fucushaufen. Über unseren Köpfen schrien Hunderte von schwebenden Vögeln, und die Möwe mischte ihr abscheuliches Gelächter auf wildeste Weise.“

In einer wilden und stürmischen Nacht im September 1838 – eine Nacht, die diejenigen an Land dazu veranlasst, sich näher um das Feuer zu drängen und vielleicht ein stilles Gebet für diejenigen zu sprechen, die auf See sind – kämpfte ein Dampfer im Nachteil mit den Wellen , vor Saint Abb's Head. Es handelte sich um die *Forfarshire* , ein dreihundert Tonnen schweres Dampfschiff unter dem Kommando von Mr. John Humble; und war mit einer wertvollen Fracht, einer Besatzung von einundzwanzig Mann und einundvierzig Passagieren von Hull nach Dundee aufgebrochen.

Es war eine schreckliche Nacht. Der Sturm tobte wütend und hätte selbst die Eigenschaften eines starken Schiffes auf die Probe gestellt; aber diese war in einem sehr schlechten Zustand, und ihre Kessel waren in einem solchen Zustand, dass die Maschinen bald völlig unbrauchbar wurden und schließlich nicht mehr funktionierten. Wir können uns die Gefahr eines Dampfers, der in einem heftigen Sturm und einer dunklen Nacht vor einer gefährlichen Küste vergleichsweise hilflos zurückbleibt, nicht vorstellen.

In kurzer Zeit wurde das Schiff völlig unkontrollierbar und trieb mit der Richtung der Flut, niemand wusste wohin. Bald erklang der schreckliche Schrei: „Breakers to leeward", und unmittelbar danach wurden die Lichter von Farne sichtbar. Nun unternahm der Kapitän einen verzweifelten Versuch, das Schiff zwischen den Inseln und dem Festland hin- und herzubewegen; Dies gelang ihm jedoch nicht, und gegen drei Uhr traf sie schwer auf einen Felsvorsprung.

Die Szene der Bestürzung, die darauf folgte, ist unbeschreiblich. Sofort wurde eines der Boote zu Wasser gelassen und mit einer Ladung erschrockener Menschen abgestoßen, aber nicht bevor ein oder zwei Personen ins Meer gefallen waren und bei ihren vergeblichen Versuchen, hineinzukommen, umgekommen waren. Diese Gruppe im Boot, neun an der Zahl, überlebte den Sturm dieser schrecklichen Nacht und wurde am nächsten Morgen von einer Montrose-Schaluppe abgeholt. Von denen, die auf dem unglückseligen Schiff zurückgeblieben waren, blieben einige im hinteren Teil; Einige postierten sich in der Nähe des Bugs, weil sie glaubten, dass dies der sicherste Ort sei. Der Kapitän stand hilflos da, seine Frau klammerte sich an ihn, während mehrere andere Frauen ihrer Verzweiflung in ängstlichen Schreien Luft machten.

Unterdessen schlugen die Wellen das Schiff immer wieder auf den Felsen, und schließlich hob es eine größere Woge als alle anderen hoch und ließ es auf seine scharfe Kante fallen. Der Effekt war enorm und augenblicklich; Das Schiff wurde buchstäblich in zwei Teile zerbrochen, und der hintere Teil mit der größeren Anzahl an Passagieren in der Kabine wurde durch den Fifa Gut mitgerissen, eine gewaltige Strömung, die selbst bei gutem Wetter als gefährlich gilt. Zu denen, die auf diese Weise umkamen, gehörten auch der Kapitän und seine Frau. Der vordere Teil des Dampfers und die wenigen, die glücklich darauf Zuflucht gesucht hatten, blieben fest auf dem Felsen. Hier klammerten sich acht oder neun Passagiere und Besatzungsmitglieder an die Ankerwinde, und eine Frau namens Sarah Dawson lag mit ihren beiden kleinen Kindern zusammengekauert in einer Ecke der Vorderkabine und war den Rest der Zeit den heftigen Winden und Wellen ausgesetzt von dieser schrecklichen Nacht. Stundenlang löste jede zurückkommende Welle einen Schauer des Schreckens in ihren Herzen aus; denn das zerschmetterte Wrack schwankte vor jedem Stoß, und es schien, als würde es mit Sicherheit noch vor Tagesanbruch in den aufgewühlten Schaum geschwemmt werden.

Doch endlich kam der Tag, und die Überlebenden des Wracks begannen mit angestrengten Augen den trüben Horizont abzusuchen, als endlich eine schwache Hoffnung in ihren Brüsten aufkeimte. Auch diese zitternden Hoffnungen waren nicht zur Enttäuschung verurteilt. In der elften Stunde sandte Gott in seiner Barmherzigkeit die Befreiung. Durch die schimmernde Morgendämmerung und die treibende Gischt konnte die Tochter des Leuchtturmwärters vom einsamen Wachturm aus das Wrack erkennen, das etwa eine Meile vom Longstone entfernt war. Auch vom Festland aus wurden sie beobachtet; und Scharen von Menschen säumten das Ufer und blickten auf den fernen Punkt, an dem sich die Überlebenden mit Hilfe von Teleskopen mit der Hartnäckigkeit der Verzweiflung festklammerten.

Aber kein Boot konnte in diesem tobenden Meer überleben, das immer noch wie wild gegen die zerrissenen Felsen schlug, obwohl die Heftigkeit des Sturms nachgelassen hatte. Ein Angebot von 5 Pfund durch den Verwalter von Bamborough Castle konnte eine Männermannschaft nicht dazu verleiten, ihr Boot zu Wasser zu lassen. Es gab jedoch ein mutiges Herz und eine willige Hand. Grace Darling war von dem starken Wunsch erfüllt, die Verstorbenen zu retten, und drängte ihren Vater, ihr kleines Boot zu Wasser zu lassen. Zunächst hielt er sich zurück. Außer ihm, seiner Frau und seiner Tochter war niemand am Leuchtturm. Was könnte eine solche Mannschaft in einem kleinen offenen Boot in einem so wilden Meer tun? Er kannte die extreme Gefahr, der sie ausgesetzt sein würden, besser als seine Tochter und zögerte ganz natürlich, ein so großes Risiko einzugehen. Abgesehen von der Gefahr einer Überflutung und dem verhältnismäßig schwachen Arm einer unerfahrenen Frau am Ruder konnte der Übergang vom Longstone zum Wrack nur bei Ebbe bewältigt werden; Solange sich die erschöpften Überlebenden nicht als fähig erwiesen, ihre Hilfe zu leisten, konnten sie sich nicht wieder zum Leuchtturm zurückziehen.

Aber den ernsten Zudringlichkeiten des heldenhaften Mädchens konnte man nicht widerstehen. Ihr Vater stimmte schließlich zu und das kleine Boot legte mit dem Mann und der jungen Frau als Besatzung ab. Man kann sich vorstellen, mit welcher Freude und Hoffnung die Leute auf dem Wrack das tanzende Boot und die Wellenkämme auf sich zukommen sahen; und wie groß muss die Überraschung gewesen sein, die sich mit ihren anderen Gefühlen vermischte, als sie sahen, dass einer der Ruderer eine Frau war!

Sie erreichten den Felsen sicher; aber hier erhöhte sich ihre Gefahr um das Zehnfache, und nur durch den Einsatz großer Muskelkraft, gepaart mit entschlossenem Mut, konnten sie verhindern, dass das Boot am Felsen zerschellte.

Einer nach dem anderen wurden die Erkrankten ins Boot gebracht. Sarah Dawson wurde in der Vorderkajüte liegend gefunden, mit einem Funken

Leben, der immer noch in ihrer Brust zitterte, und sie hielt ihre beiden Kleinen immer noch in ihren Armen, aber die Geister beider waren zu Ihm geflohen, der sie gab. Mit großer Mühe wurde das Boot zurück zum Longstone gerudert und die gerettete Besatzung landete sicher. Hier wurden sie wegen der Gewalt des Meeres fast drei Tage lang festgehalten, zusammen mit einer Bootsbesatzung, die zu ihrer Rettung aus North Sunderland aufgebrochen war; und es erforderte einiges an Einfallsreichtum, eine so große Gruppe innerhalb der engen Grenzen eines Leuchtturms unterzubringen. Grace überließ ihr Bett der armen Frau Dawson; Die meisten anderen ruhten, so gut sie konnten, auf dem Boden.

Die romantischen Umstände dieser Rettung, die isolierte Lage des Mädchens, ihre Jugend und Bescheidenheit und der aufopferungsvolle Heldentum, der bei dieser Gelegenheit gezeigt wurde, erschütterten wie ein elektrischer Schlag das ganze Land und den Namen Grace Darling wurde für die damalige Zeit so bekannt wie der größte des Landes, während der einsame Leuchtturm auf dem Longstone zum Anziehungspunkt für Tausende herzlicher Bewunderer wurde, darunter viele der Reichen und Adligen. Grace Darling erhielt ständig Briefe und Geschenke. Die Öffentlichkeit schien nicht in der Lage zu sein, genug zu tun, um ihre Wertschätzung zum Ausdruck zu bringen. Der Herzog von Northumberland lud sie nach Alnwick Castle ein und überreichte ihr eine goldene Uhr. Für sie wurde ein öffentlicher Beitrag in Höhe von 700 Pfund gesammelt. Die Humane Society überreichte ihr eine schöne silberne Teekanne und ein Dankeschön für ihren Mut und ihre Menschlichkeit. Porträts von ihr wurden in den Druckereien im ganzen Land verkauft; und die Begeisterung, die zunächst der natürliche Impuls der Bewunderung für jemanden war, der eine edle und heroische Tat vollbracht hatte, steigerte sich schließlich zu einer Art Manie, in deren Hitze nicht wenige Absurditäten begangen wurden.

Unter anderem boten ihr mehrere Besitzer der Großstadttheater jeden Abend eine große Summe an, unter der Bedingung, dass sie auf der Bühne erscheinen würde, nur um während der Aufführung eines Stücks, das den Vorfall illustrierte, dessen Heldin sie war, in einem Boot zu sitzen! Wie man es von jemandem erwarten konnte, dessen Geist wirklich edel war, lehnte sie alle derartigen Angebote umgehend ab. Gott scheint seinen Arm zärtlich um Grace Darling gelegt zu haben und ihr besondere Kraft gegeben zu haben, den schweren Versuchungen zu widerstehen, denen sie ausgesetzt war.

Alle Vorschläge zur Verbesserung ihres Zustands wurden abgelehnt und sie kehrte in ihr Haus auf dem Inselfelsen zurück, wo sie bis wenige Monate nach ihrem Tod bei ihrem Vater und ihrer Mutter blieb. Der gefallene Zerstörer, leider! beanspruchte sie, als sie noch in der Blüte ihrer Weiblichkeit stand. Sie starb am 20. Oktober 1842 an Schwindsucht und hinterließ ein

Beispiel für hingebungsvollen Mut in der Stunde der Gefahr und selbstverleugnenden Heldentums in der Stunde der Versuchung, das von denen, deren Pflicht es ist, durchaus bewundert und nachgeahmt werden kann Bemannen Sie das Rettungsboot und starten Sie es, um auf den stürmischen Wellen in allen kommenden Zeiten zu Hilfe zu kommen.

Rettungsboote.

Ein Rettungsboot – also das Rettungsboot der Gegenwart – unterscheidet sich von allen anderen Booten in vier Einzelheiten. Es ist *nahezu* unzerstörbar; es ist untauchbar ; es ist selbstaufrichtend; es ist selbstentleerend. Mit anderen Worten: Es kann kaum zerstört werden; es kann nicht versenkt werden; es erholt sich, wenn es verärgert ist; Es entleert sich, wenn es gefüllt ist.

Die erste dieser Eigenschaften ist auf die ungewöhnliche Festigkeit des Rettungsbootes zurückzuführen, nicht nur in Bezug auf die Qualität der Materialien, aus denen es hergestellt ist, sondern auch auf die Art und Weise, wie die Planken aufgelegt sind. Diese kreuzen sich diagonal, was für den Durchschnittsleser nicht einfach zu beschreiben oder zu erklären ist; Es genügt jedoch zu sagen, dass diese Methode dazu führt, dass das gesamte Boot so zusammengehalten wird, dass es viel stärker ist als jede andere Art von Fahrzeug. Die zweite Eigenschaft – die Untauchbarkeit – ist auf Luftkammern zurückzuführen, die an den Seiten des Bootes, unter den Sitzen sowie am Bug und Heck angebracht sind. Diese Luftkästen haben ausreichend Auftrieb, um das Boot schweben zu lassen, selbst wenn es bis zum Überlaufen mit Wasser gefüllt und mit Menschen bis zum Äußersten überfüllt wäre. Kurz gesagt, um einen Ausdruck zu verwenden, der vielleicht paradox erscheint: Sie kann mehr tragen, als sie halten kann – sie verfügt über ausreichende Schwebekraft, um mehr zu tragen, als in sie hineingezwungen werden kann. Die dritte Eigenschaft – ihre selbstaufrichtende Eigenschaft – ist ebenfalls auf Luftkammern in Verbindung mit einem schweren Kiel zurückzuführen. Im Rettungsboot gibt es zwei große und markante Luftgehäuse – eines im Bug und das andere im Heck. Diese ragen deutlich über das Dollbord hinaus, so dass das Boot, wenn es auf den Kopf gestellt wird, auf ihnen wie auf zwei Zapfen ruht. Natürlich kann es nicht einen Moment lang auf ihnen stehen bleiben, sondern muss zwangsläufig auf die eine oder andere Seite fallen. Dies ist der erste Schritt zur Selbstaufrichtung; dann kommt der schwere Kiel ins Spiel und zieht das Boot ganz rund. Da das Rettungsboot mit Wasser gefüllt ist, wäre es vergleichsweise nutzlos, wenn es nicht seine vierte Eigenschaft hätte – die Selbstentleerung. Dies wird durch sechs große Löcher erreicht, die durch den Boden und den Boden des Bootes verlaufen. Der genannte Boden ist luftdicht und so platziert, dass er bei voller Besetzung und Beladung mit Passagieren nur sehr *wenig über dem Meeresspiegel liegt* . Von dieser Tatsache hängt das Wirken des Prinzips ab. Zwischen dem Boden und dem Boden des Bootes – ein Raum von mehr als einem Fuß Tiefe – befindet sich leichter Ballast aus Kork oder Holz, und einige Teile des Raums bleiben leer. Bei den oben erwähnten sechs Löchern handelt es sich um Röhren mit einem Durchmesser von sechs Zoll, die vom Boden bis zum Boden des Bootes reichen. Nun ist es eines der Naturgesetze, dass Wasser seinen Pegel finden muss. Nehmen Sie zum Beispiel ein Boot und bohren Sie große Löcher in seinen Boden und nehmen Sie an, dass es in seiner *normalen* Schwimmposition gestützt wird , so dass es nicht sinken kann, selbst wenn Wasser ungehindert durch die Löcher hineinfließt. Dann füllen Sie es plötzlich ganz voll mit Wasser. Natürlich liegt das Wasser im Inneren deutlich über dem Wasserspiegel draußen, aber es läuft an den Löchern weiter ab, bis es genau auf gleicher Höhe mit dem Wasser draußen ist. Nun verhält sich Wasser, das in ein Rettungsboot gegossen wird, genau auf die gleiche Weise; aber wenn es den Wasserstand draußen erreicht hat, *hat es auch den Boden erreicht* , so dass kein Wasser mehr herausfließen kann.

Dies sind die Haupteigenschaften des prächtigen Rettungsbootes, das heute an unseren Küsten eingesetzt wird und von dem man sagen kann, dass es einen Zustand nahezu absoluter Perfektion erreicht hat.

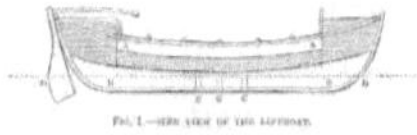

Die dazugehörigen Abschnitte des Rettungsbootes zeigen die Position der Luftkästen und Entladungsrohre. In Abbildung 1 geben die *schattierten* Teile eine Seitenansicht der Luftgehäuse wieder. Die Linie A A bezeichnet das Deck bzw. den Boden, der bei beladenem Boot *etwas* über dem Wasserspiegel liegt; B B ist der wasserdichte Raum, der Ballast enthält; C C C sind drei der sechs Entladungslöcher oder -rohre; Die gestrichelte Linie D D zeigt den Meeresspiegel. Abbildung 2 zeigt das Boot aus der Vogelperspektive. Die schattierten Teile zeigen die Luftgehäuse an; und die Position der sechs Auslassrohre ist deutlicher dargestellt als in Abbildung 1. Es gibt drei abgedeckte Öffnungen im Boden, die eine freie Luftzirkulation ermöglichen, wenn das Boot nicht in Gebrauch ist, und in einer davon befindet sich eine kleine Pumpe, um den Ballastraum von Leckagen zu befreien. Es ist zu beobachten, dass das Boot wenig Wasser zieht; Tatsächlich gibt es viel mehr von ihr über als unter Wasser, und ihre Stabilität ist auf ihre große Breite und ihren schweren Kiel angewiesen.

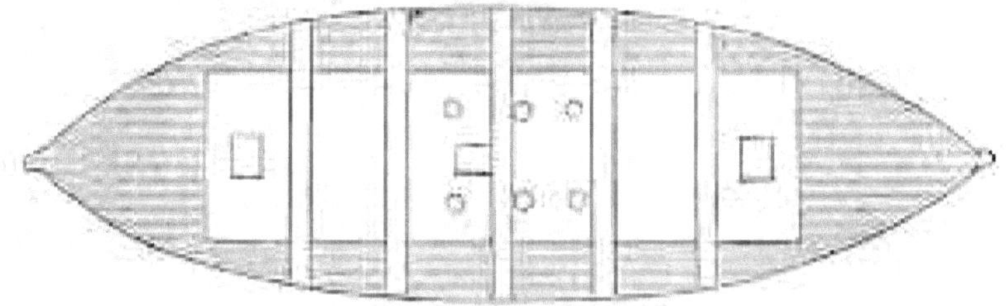

Diese vier Qualitäten des Rettungsbootes werden jedes Jahr durch viele spannende Havarien und Rettungsereignisse verdeutlicht. Werfen wir einen Blick auf einige davon. Zunächst einmal zur *nahezu* unverwüstlichen Qualität. Nehmen Sie die folgenden Beweise:

In einer schrecklichen Nacht im Jahr 1857 lief eine portugiesische Brigg auf den Goodwin Sands auf, nicht weit von dem Feuerschiff entfernt, das das nördliche Ende dieser tödlichen Untiefen markiert. Ein Schuss wurde abgefeuert, und vom Feuerschiff aus wurde eine Rakete in die Höhe geschossen, um den Männern an Land zu signalisieren, dass ein Schiff den Sand erreicht hatte. Es war kein zweites Signal erforderlich. Besorgte Augen waren in dieser Nacht auf die Wache gerichtet. Sofort sprangen die Ramsgate- Männer in ihr Rettungsboot, das neben dem Pier lag. Es war eine tödliche Arbeit, die verrichtet werden musste – der Sturm war einer der heftigsten der Saison –, dennoch waren die tapferen Männer so begierig darauf, in das Boot zu gelangen, dass es überbesetzt war und die letzten beiden, die hineinsprangen, dazu gezwungen waren an Land gehen. Ein kleiner, aber leistungsstarker Dampfer wird zur Bewachung dieses Bootes eingesetzt. In wenigen Minuten nahm es sie ins Schlepptau und machte sich auf den Weg zur Hafenmündung .

Sie taumelten trotz der Flut und des Sturms hinaus und bahnten sich ihren Weg durch eine schwere See, die immer wieder über sie hinwegfegte, bis sie den Rand der Goodwins erreichten. Hier warf der Dampfer das Boot ab und wartete auf es, während es in die Brandung stürzte und die Hauptlast der Schlacht allein trug.

Mit Mühe konnte die Brigg in der Dunkelheit gefunden werden. Das Rettungsboot warf den Anker, als es noch etwa vierzig Faden entfernt war, und drehte unter seinem Lee ab. Zunächst hofften sie, das Schiff loszubekommen, und verbrachten Stunden mit vergeblichen Versuchen, dies zu erreichen. Aber der Sturm nahm an Gewalt zu; die Brigg begann aufzubrechen; sie rollte von einer Seite zur anderen, und die Rahen schwangen wild in der Luft. Ein Schlag von einer dieser Rahen hätte das Boot

zum Einsturz gebracht, daher wurde die portugiesische Besatzung – zwölf Männer und ein Junge – aus dem Wrack geholt, und die Bootsführer versuchten, sich abzustoßen. Die ganze Zeit über schwamm das Boot in einem durch die Bewegung des Wracks in den Sand eingearbeiteten Becken; Aber die Flut hatte bereits abgenommen, und als sie versuchten, an den Anker zu kommen, stieß das Boot heftig gegen den Rand dieses Beckens. Die Männer arbeiteten daran, aus den Untiefen herauszukommen, da nur diejenigen arbeiten können, deren Leben von ihren Bemühungen abhängt. Es gelang ihnen , für einen Moment über Wasser zu kommen, aber sie schlugen erneut zu und blieben schnell. Mittlerweile wurde die Brigg von jeder Welle angehoben und mit donnerndem Krachen fallen gelassen; Ihre Balken begannen zu brechen wie Rohrstiele, und als sie immer näher kam, wurde klar, dass die Zerstörung nicht mehr weit war. Der durch den zunehmenden Sturm verursachte schwere Seegang fegte über das Rettungsboot, sodass sich die Insassen nur noch an den Rudern festhalten konnten. Schließlich kam die Brigg so nahe, dass es unter den Männern Aufruhr gab; sie bereiteten sich auf den letzten Kampf vor – einige von ihnen hatten vor, in die Takelage des Wracks zu springen und ihre Chance zu nutzen; aber der Steuermann schrie: „Bleibt beim Boot, Jungs! bleib beim Boot!“ und die Männer gehorchten.

In diesem Moment hob sich das Boot in der Brandung ein wenig und landete erneut. Dadurch wurde neue Hoffnung geweckt.

Die Männer zogen an der Trosse und trieben mit den Rudern Kraft und Kraft an. Es gelang ihnen, sich aus der unmittelbaren Gefahr zu befreien, doch trotz Wind und Flut gelang es ihnen nicht, den Anker zu erreichen. Der

Steuermann erkannte dann deutlich, dass nur noch eine Möglichkeit übrig blieb: das Kabel zu durchtrennen und quer durch die Goodwin Sands zu fahren. Aber es gab noch nicht genug Wasser auf den Sands, um sie hinüberschwimmen zu lassen; Also hielten sie fest und wollten vor Anker reiten, bis die Flut, die sich gewendet hatte, steigen würde. Doch schon bald begann der Anker zu schleifen. Dies zwang sie dazu, die Segel zu hissen, das Kabel früher als beabsichtigt zu durchtrennen und zu versuchen, die Sands abzuwehren. Es war vergebens. Noch einen Moment, und sie schlugen mit ungeheurer Kraft zu. Eine Brandung kam auf sie zugerollt, füllte das Boot, fing es wie ein Spielzeug auf der Kuppe auf, schleuderte es ein paar Meter weiter und ließ es mit einem Schock, der beinahe jeden Mann aus ihm herausriss, wieder fallen. Jeder weitere Breaker behandelte sie auf diese Weise.

Diejenigen, die am Meeresufer wohnen, kennen die bekannten Wellen, die den Sand bei Ebbe markieren. Auf den Goodwins sind diese Wellen gigantische Schritte, die in Fuß und nicht in Zoll gemessen werden. Von einem dieser Ufer zum anderen wurde dieses prächtige Boot geworfen. Jede tosende Brandung erfasste es am Bug oder Heck, wirbelte es herum und ließ es auf den nächsten Felsvorsprung krachen. Die portugiesischen Seeleute schienen alle Hoffnung aufgegeben zu haben und klammerten sich in stiller Verzweiflung an die Ruderbänke. aber die Besatzung – achtzehn an der Zahl – verlor nicht ganz den Mut. Sie kannten ihr Boot gut, waren oft mit ihm in die Schlacht gezogen und hofften, dass sie noch gerettet werden könnten, wenn es nur entkommen würde, indem es auf die alten Wrackteile traf, mit denen die Sande übersät waren.

zwei Stunden lang Yard für Yard, mit einer Reihe von Erschütterungen, die jedes gewöhnliche Boot in Stücke gerissen hätten, über *zwei* Meilen durch die Goodwin Sands. Schließlich fuhren sie in tiefes Wasser ; die Segel wurden gesetzt; und bald darauf landeten sie durch Gottes Gnade die gerettete Besatzung sicher in Ramsgate Hafen .

Welche weiteren Beweise brauchen wir dafür, dass das Rettungsboot nahezu, wenn nicht sogar völlig unzerstörbar ist?

Dass das Rettungsboot nicht tauchbar ist , wurde durch den vorstehenden Vorfall einigermaßen bewiesen. Es gibt kein besseres Beispiel, um den Auftrieb des Rettungsbootes zu beweisen, als das des Tynemouth- Bootes mit dem Namen „Constance" beim Wrack der „ *Stanley*" im Jahr 1864. In diesem Fall, als sich das Boot dem Wrack näherte, a Die Woge brach über den Bug der *Stanley* , und als sie in die Constance stürzte, überwältigte sie sie völlig. Hierzu sagt der Steuermann des Rettungsbootes: „Das Meer stürzte über den Bug des Stanley und begrub das Rettungsboot. Jedes Ruder war am Dollbord des Bootes zerbrochen und die äußeren Enden wurden weggeschwemmt. Die Männer griffen nach den Ersatzrudern; drei waren weg – nur zwei blieben übrig." Nun ist zu beachten, dass der Steuermann hier davon spricht, dass das Boot *begraben und* von den Wellen versunken sei, und dass die Männer *sofort* , wie er sagt, „nach den Ersatzrudern griffen". Das Untergehen und der Sprung an die Oberfläche scheinen fast im selben Augenblick geschehen zu sein. Und das ist tatsächlich der Fall; Denn wenn die Kraft, die ein Rettungsboot zum Sinken bringt, wegfällt, steigt es in diesem Augenblick wie ein Korken an die Oberfläche.

Um den Wert der selbstaufrichtenden Eigenschaft und die Überlegenheit der Rettungsboote, die sie besitzen, gegenüber denen zu beweisen, denen sie fehlt, werden wir kurz drei Fälle anführen – der letzte davon wird auch den Wert der selbstaufrichtenden Eigenschaft beweisen. Entleerungsqualität.

Am 4. Januar 1857 geriet das Rettungsboot von Point of Ayr, als es in einem Sturm unter Segel war, in einiger Entfernung vom Land um. Der Unfall konnte vom Ufer aus beobachtet werden; Es konnte jedoch keine Hilfe geleistet werden, und die gesamte Besatzung des Bootes – dreizehn an der Zahl – ertrank. Nun, dies galt als gutes Rettungsboot, aber es war kein selbstaufrichtendes; und zwei ihrer Besatzungsmitglieder klammerten sich zwanzig Minuten lang am Kiel fest, woraufhin sie erschöpft waren und abgewaschen wurden.

Nehmen Sie einen anderen Fall eines sich nicht selbstaufrichtenden Bootes. Im Februar 1858 lief das Southwold-Rettungsboot, ein großes Segelboot, das als eines der schönsten im Königreich galt, zur vierteljährlichen Übungsperiode bei rauem Wetter aus und lief mit gesetzten Segeln vor schwerem Seegang, als es plötzlich davonlief auf dem Gipfel einer Welle, angesprochen und verärgert. Die Besatzung befand sich in diesem Fall glücklicherweise in der Nähe des Landes, hatte ihre Korkgürtel angelegt und wurde, wenn auch mit Mühe, an Land gezogen; aber drei Amateure, die keinen Gürtel trugen, kamen ums Leben.

Diese beiden Fälle ereigneten sich tagsüber.

Der dritte Fall ereignete sich nachts – in einer sehr dunklen, stürmischen Nacht im Oktober 1858. Etwa drei Meilen vor Dungeness war ein Wrack gesichtet worden, und an dieser Stelle befand sich auch das Rettungsboot – ein kleines, selbstaufrichtendes und selbstentleerendes Boot der Royal National Rettungsboot-Institution – abgesetzt, mit acht kräftigen Männern der Küstenwache als Besatzung. Als wir kurz nach Mitternacht das Wrack erreichten, stellte sich heraus, dass die Besatzung das Schiff im Stich gelassen hatte; Das Rettungsboot kehrte daher in Richtung Ufer zurück. Als sie sich diesem näherte, geriet sie in einen Kanal zwischen zwei Untiefen, wo sie von drei schweren Wellen hintereinander eingeholt und getroffen wurde. Der

Steuermann verlor die Kontrolle über das Ruder; Sie wurde vom Meer weggetragen, angegriffen und verärgert, wobei ihre Besatzung aus dem Schiff geworfen wurde. Sofort richtete sie sich auf, reinigte sich vom Wasser, und der Anker, der herausgefallen war, zog sie hoch. Die Besatzung war inzwischen mit Korkgurten angeschwommen, hatte das Boot wiedererlangt, kletterte mit Hilfe der an den Seiten befestigten Rettungsleinen hinein, durchtrennte das Kabel und kehrte sicher ans Ufer zurück.

Soviel zur Beschaffenheit und Leistungsfähigkeit unserer Rettungsboote. Wir können uns nicht den Raum leisten, mehr über sie zu sagen, als dass sie unter Gott das Mittel sind, um jedes Jahr viele hundert Menschenleben an den Küsten des Vereinigten Königreichs zu retten, abgesehen von einer großen Menge an Schiffen und Eigentum, die, aber für sie würde unweigerlich verloren gehen. Die edle Institution, die sie verwaltet, wurde 1824 gegründet und wird ausschließlich durch freiwillige Beiträge finanziert.

Zusammen mit dem Rettungsboot können wir hier treffend eine andere Schiffsart beschreiben, die, wenn sie nicht direkt Leben rettet, auf jeden Fall Katastrophen verhindert, indem sie rechtzeitig vor Gefahren warnt. Wir verweisen auf:-

Feuerschiffe.

Diese schwimmenden Leuchtfeuer liegen in unmittelbarer Nähe der zahlreichen Sandbänke vor Anker, die vor den Mündungen einiger der wichtigsten Häfen des Königreichs, insbesondere in England, und an anderen Teilen unserer Küste liegen. An unseren Küsten gibt es zahlreiche schwimmende Lichter, die Untiefen markieren, auf denen Leuchttürme nicht so einfach errichtet werden könnten. Ihre Bedeutung für die Schifffahrt ist unvorstellbar groß. Die beigefügte Abbildung zeigt ein Schiff, das das

VESSEL PASSING THE NORE LIGHTSHIP.

Feuerschiff an der Nore passiert . Die Unmöglichkeit, ohne die Hilfe von Feuerschiffen sowie Bojen und Leuchtfeuern sicher in den Hafen von London einzulaufen oder ihn zu verlassen, lässt sich durch eine einfache Nennung der Namen einiger Hindernisse verdeutlichen, die im Hafen liegen der Themse. Es gibt die *Knock* Shoals, die East und West *Barrows* , die *John* , die *Sunk* , die *Girdler* und die *Long* Sands, die alle wie viele Grundhaie daliegen und darauf warten, vorbeifahrende Schiffe festzuhalten und zu verschlingen, was ihnen leider nur allzu oft gelingt trotz der zahlreichen Vorsichtsmaßnahmen, die getroffen wurden, um ihnen ihre Beute zu rauben. Die meisten Menschen kennen das Aussehen von Bojen, aber wir wagen zu behaupten, dass nur wenige eine Boje oder ein Leuchtfeuer gesehen haben, das dem auf unserer Gravur ähnelt, bei dem es sich um eine Art Käfig handelt, der an einer Boje befestigt ist und in dessen Inneren sich eine Glocke befindet, die durch die Wirkung der Wellen läutet . Es muss so etwas gewesen sein, das früher im berühmten „Bell Rock" verwendet wurde.

Feuerschiffe sind normalerweise schwerfällig aussehende, rot gestrichene Schiffe mit einem starken Mast mittschiffs und einer Kugel an der Spitze von etwa sechs Fuß Durchmesser aus leichten Latten. Diese Kugel ist ein sehr auffälliges Objekt und weist das vorbeifahrende Schiff tagsüber deutlich auf ein Feuerschiff hin. Nachts wandert eine riesige Laterne über denselben Mast und wird fast bis zur Spitze desselben hochgezogen. Die Beleuchtung erfolgt durch eine Reihe von Argandlampen mit leistungsstarken Reflektoren. Manche Feuerschiffe haben zwei Masten, manche drei, mit jeweils einer Kugel und einer Laterne. Einige dieser Laternen enthalten feste, andere rotierende Lichter – diese Unterschiede dienen dazu, den Seeleuten das besondere Licht anzuzeigen, an dem sie gerade vorbeifahren.

So sind die über zehn Meilen langen Goodwin Sands durch drei Feuerschiffe gekennzeichnet. Der nördliche hat drei Masten und drei *feste* Lichter. Der südliche hat zwei Masten und zwei *feste* Lichter. Der zwischen den beiden – vor Ramsgate gelegene und „Gull" genannte – hat einen Mast und ein *Rundumlicht* .

Die Besatzung eines Feuerschiffes besteht aus etwa neun bis zehn Mann, von denen jeder abwechselnd zwei Monate an Bord und einen Monat an Land seinen Dienst verrichtet; so dass die Zahl der ständig an Bord befindlichen Männer etwa sieben beträgt. An Land kümmern sie sich um die Bojen, Anker, Kettenkabel und andere Vorräte des Trinity House, das für alle Lichter, Bojen und Leuchtfeuer in England zuständig ist. Sie helfen auch beim Anlegen neuer Bojen und Sinker, beim Entfernen alter usw.

Feuerschiffe sind einem erheblichen Risiko ausgesetzt, denn sie sind nicht nur ständig allen Stürmen ausgesetzt, die an unseren Küsten toben, sondern werden auch bei nebligem Wetter manchmal von Schiffen angefahren.

Das oben erwähnte Feuerschiff *Gull nimmt eine besondere und interessante Stellung ein*. Da sie sich im Mittelpunkt der gesamten Schifffahrt befindet, die durch die Downs fährt, kommt sie häufig nur knapp davon und wurde mehrmals durch Kollisionen beschädigt. Das Erstaunliche ist, dass sie angesichts ihrer Position nicht öfter „zu Boden geht". Sie signalisiert auch mit Kanonen und Raketen dem Rettungsboot Ramsgate , wenn ihre Besatzung beobachtet, dass ein Schiff auf die gefürchteten Goodwin Sands gelangt ist.

Vor nicht allzu langer Zeit hatten wir das Vergnügen, eine Woche an Bord des Feuerschiffs *Gull zu verbringen, und eines Nachts wurden wir Zeuge einer sehr bewegenden Szene, als das Rettungsboot gerufen wurde.* Zum Abschluss dieses Themas zitieren wir den folgenden Brief, den wir damals geschrieben haben und in dem wir ausführlich darüber berichten.

Ramsgate , 26. März 1870 .

Der Augenzeuge einer Schlacht aus ungewöhnlicher Sicht kann ohne Überheblichkeit glauben, dass er etwas Interessantes zu erzählen hat. Deshalb sende ich Ihnen einen Bericht darüber, was ich in der Nacht zum letzten Donnerstag im Feuerschiff *Gull* vor Goodwin Sands gesehen habe, als die *Germania* aus Bremen am South-Sand-Head zerstört wurde. Da ich eine Woche lang auf dem Feuerschiff „*Gull*" gelebt habe und mehrere Tage lang von der Kommunikation mit der Küste abgeschnitten war, konnte ich nicht früher schreiben.

Unser nie endender Kampf mit dem Sturm ist bekannt. Hier ist ein Beispiel für die Art und Weise, wie es durchgeführt wird.

Kurz vor Mitternacht am vergangenen Donnerstag (dem 24.), während ich mich unruhig in meiner „Koje" wälzte, mit Schlaf und Seekrankheit kämpfte und über den Wahnsinn derer moralisierte , die „das Meer" als Beruf wählen, war ich es Er wurde geweckt – und die Krankheit wurde sofort geheilt –, als die Wache an Deck plötzlich durch die Luke zum Steuermann rief: „ Das Feuer *von South-Sand-Head* feuert, Sir, und schickt Raketen hoch." Der Maat sprang aus seiner „Koje" und lag auf dem Kabinenboden, bevor der Satz zu Ende war. Ich folgte seinem Beispiel und zog Mantel, Unterkleidung und Schuhe an, als hinge mein Leben von meiner eigenen Geschwindigkeit ab. Der Bedarf an Kleidung war ungewöhnlich, denn die Nacht war bitterkalt. Selbst auf der Salzwassergischt, die in die Boote geweht war, hatte sich eine Eisschicht gebildet. Als wir das Deck erreichten, fanden wir die beiden diensthabenden Männer aktiv bei der Arbeit: Der eine lud das Lee-Geschütz, der andere richtete eine Rakete an ihrem Steuerknüppel. Ein paar hastige Fragen des Maaten brachten alles Nötige ans Licht. Das Aufblitzen einer Kanone vom etwa sechs Meilen entfernten Feuerschiff *South-Sand-Head* war zu sehen, gefolgt von einer Rakete, was darauf hindeutete, dass ein Schiff auf die tödlichen Goodwins geraten war. Während die Männer redeten, sah ich das helle Aufblitzen einer anderen Waffe, hörte aber keinen Knall, weil der Sturm das Geräusch nach Lee trug. Eine Rakete folgte, und im selben Moment sahen wir das Licht des in Seenot geratenen Schiffes direkt am Südufer der Sands. Zu diesem Zeitpunkt war unser Geschütz geladen und die Rakete in Position. „Sieh lebendig aus, Jack! „Nimm den Schürhaken", rief der Maat, während er die Waffe vorbereitete. Jack sprang durch die Luke des Kameramanns und kehrte kurz darauf mit einem glühenden Schürhaken zurück, den der Maat beim ersten Alarm in das Feuer der Kajüte geworfen hatte. Jack wendete es schnell hintereinander an der Waffe und der Rakete an. Auf einen grellen Blitz und einen ohrenbetäubenden Krach folgte das Sausen der Rakete, die in einer prächtigen Kurve weit in die umgebende Dunkelheit sprang. Dies war unsere Antwort auf das *South-Sand-Head-* Licht, das, nachdem es drei Kanonen und drei Raketen abgefeuert hatte, um unsere Aufmerksamkeit zu erregen, nun aufhörte zu feuern. Es war auch unser Warnhinweis an den Aussichtspunkt am Pier von Ramsgate Hafen . „Das ist eine Schönheit", sagte unser Kumpel und bezog sich dabei auf die Rakete; „Steh noch einmal auf, Jack; Schwamm sie gut aus. Jacobs, wir geben ihnen in ein paar Minuten noch eine Chance." Laut und deutlich waren unsere beiden Signale; aber die Entfernung von viereinhalb Meilen und ein frischer Sturm neutralisierten ihren Einfluss. Der Ausguck sah sie nicht. In weniger als fünf Minuten wurden erneut Kanone und Rakete abgefeuert. Noch immer kam kein Antwortsignal von Ramsgate . „Laden Sie die Wetterkanone", sagte der Maat. Jacobs gehorchte; und ich suchte Schutz im Windschatten der Wetterbollwerke, denn der Wind schien aus Federmessern und Nadeln zu bestehen. Unser drittes Geschütz donnerte und erschütterte das Feuerschiff vom Bug bis zum Heck; aber die Rakete traf die Takelage und machte einen niedrigen, schwankenden Flug. Deshalb wurde ein anderer heraufgeschickt; aber kaum hatte es seine helle Linie über den Himmel durchschnitten, als wir das Antwortsignal bemerkten – eine Rakete vom Ramsgate Pier.

„Das ist jetzt alles in Ordnung, Sir; „Unsere Arbeit ist getan", sagte der Steuermann, als er nach unten ging, sich seiner Oberbekleidung entledigte und sich ruhig umdrehte; während die Wache, nachdem sie das Geschütz ausgewaschen und wieder abgedeckt hatte, ihren aktiven Spaziergang über das Deck fortsetzte. Ich gestehe, dass ich über dieses plötzliche Ende des Lärms und der Aufregung etwas enttäuscht war. Mir wurde gesagt, dass das Ramsgate- Rettungsboot nicht in weniger als einer Stunde draußen sein könne. Es kam mir schrecklich vor, dass Menschenleben so lange in Gefahr waren; und natürlich begann ich zu denken: „Ist es nicht möglich, diese Verzögerung zu verhindern?" Aber aufgeregte Geister sind nicht immer die besten Richter in solchen Angelegenheiten, obwohl sie einen unwiderstehlichen Hang zum Urteilen haben. Es blieb jedoch nichts anderes übrig als Geduld; Also drehte ich mich um, „alle stehend", wie Seeleute es nennen, mit dem Befehl, mich zu rufen, wenn die Lichter des Schleppers in Sicht kommen sollten. Es schien nur ein paar Minuten später zu sein, als die Stimme der Wache wieder zu hören war, die hastig rief: „Rettungsboot dicht daneben, Sir." Habe es bis jetzt nicht gesehen. Sie trägt kein Licht." Ich sprang hinaus und kletterte, ohne Mantel, Hut und Schuhe, an Deck, gerade rechtzeitig, um zu sehen, wie das *Broadstairs*-Rettungsboot vor dem Sturm an uns vorbeiraste . Sie befand sich dicht unter unserem Heck und wurde durch das Licht unserer Laterne gespenstisch sichtbar. „Wofür schießt du?" schrie der Steuermann des Bootes. „Schiff im Sand, Richtung Süden", antwortete Jack mit voller Stimme. Das Boot hielt nicht an. Es ging mit einem herrlichen Rausch in die Dunkelheit vorüber. Die Antwort war gehört worden; und das Rettungsboot schoss pfeilgerade zur Rettung. Wir hören und lesen oft von solchen Szenen, aber eine Vision ist notwendig, um die volle Bedeutung all dessen, was vor sich geht, zu erkennen . Ein seltsamer Nervenkitzel durchfuhr mich, als ich das vertraute blau-weiße Boot über die schäumenden Wogen springen sah. Oft hatte ich es im Modell gesehen und in seinem Bootshaus ruhend – schwerfällig und plump; aber jetzt sah ich es zum ersten Mal mit Leben erfüllt. Ich glaube also, dass Krieger von unserer schweren Kavallerie so sprechen könnten, wie wir sie in den Kasernen sehen und wie *sie* sie in Alma sahen. An Bord der *Gull war* wieder alles still und unaufregend . Ich ging zitternd nach unten und hatte eine überwältigende Vorstellung vom Mut und der Ausdauer der Rettungsbootmänner. Kurz darauf rief die Wache erneut: „Schlepper ist in Sicht, Sir." und wieder einmal gingen der Kumpel und ich an Deck. Diesmal hatte der Schlepper *Aid* einen Fehler gemacht. Jemand an Land hatte berichtet, dass man die Kanonen und Raketen von den Feuerschiffen *Gull* und *North-Sand-Head aus gesehen hatte* ; wohingegen der Bericht von den Schiffen *Gull* und *South-Sand-Head* hätte stammen sollen . Das einzige Wort war entscheidend. Es bedeutete einen unnötigen Lauf von etwa zwölf Meilen und einen Zeitverlust von anderthalb Stunden. Aber wir erwähnen dies lediglich als Tatsache, nicht als Beschwerde. Unfälle werden passieren. Der Rettungsbootdienst in Ramsgate ist hervorragend geregelt, und um einmal auf einen Fehler dieser Art hinweisen zu können, können wir auf Dutzende – ja, Hunderte – Fälle verweisen, in denen der Dampfer und das Rettungsboot direkt in der Luftlinie zur Rettung gefahren sind , und haben bei Gelegenheiten gute Dienste geleistet, bei denen alle anderen Rettungsboote versagt hätten, so groß ist der Wert von Dampf in solchen Angelegenheiten. Diesmal erschien der Schlepper jedoch zu spät am Tatort und rief uns zu. Als der wahre Stand des Falles festgestellt war, wurde der Kurs richtig gelenkt und Vollgas gegeben. Das Ramsgate- Rettungsboot *Bradford* befand sich weit achtern im Schlepptau. Als sie an uns vorbeikam, wurden die kurzen Fragen und Antworten zugunsten des Steuermanns des Bootes wiederholt. Ich bemerkte, dass bis auf den Steuermann jeder Mann im Boot flach auf den Rudern lag. Kein Wunder. Es ist nicht einfach, in einem Sturm zu sitzen, wenn die Gischt eiskalt ist und manchmal das grüne Meer über einen hinwegfegt. Sie waren zweifellos hellwach und hörten zu; Aber soweit ich es mir vorstellen konnte, war dieses Boot mit zehn Ölmänteln und Südwestwestern bemannt. Nach ein paar Sekunden waren sie außer Sichtweite; und damit endete das Drama, soweit es das Feuerschiff *Gull* betraf. Mehr konnten wir zumindest in dieser Nacht nicht herausfinden; denn was auch immer das Ergebnis dieser Bemühungen sein mochte, die schwimmenden Lichter hatten keine Chance, bis zum nächsten Besuch ihres Tenders von ihnen zu hören. Deshalb musste ich um drei Uhr morgens noch einmal abgeben. Am nächsten Vormittag sahen wir das Wrack von unten nach oben hoch über den Goodwin Sands.

Am Freitagmorgen lief die *Alert* – Beiboot für die Feuerschiffe dieses Bezirks unter dem Kommando des Trinity-Superintendenten, Kapitän Vaile – zu uns, und wir erfuhren den Namen des Schiffes, dass es ein völliges Wrack war und dass die Besatzung , sieben Männer, waren zu ihrem Boot gegangen und hatten es geschafft, das Feuerschiff *South-Sand-Head zu erreichen, von wo aus sie fast unmittelbar darauf vom Deal-Rettungsboot übernommen wurden und sicher in Deal landeten.*

Es ist hier sorgfältig zu beachten, dass, obwohl in diesem Fall viel Energie unnötig aufgewendet wurde, dies nicht bedeutet, dass sie oft so aufgewendet wird. Oft – zu oft – reicht die gesamte Einsatzkraft der Rettungsboote an dieser Küste nicht aus, um den Anforderungen gerecht zu werden. Die Besatzungen der verschiedenen Boote in der Nähe der Goodwin Sands werden häufig mehr als einmal pro Nacht gerufen; und manchmal sind sie die ganze Nacht unterwegs und besuchen nacheinander verschiedene Wracks. Bei all dieser Arbeit kommt der Wert des Dampfschleppers sehr deutlich zum Vorschein. Denn es kann sein Boot immer wieder in den Luv schleppen und den Versuch, Leben zu retten, in Fällen erneuern, in denen Rettungsboote ohne Hilfe gezwungen wären, nachzugeben. Als ich mich mit der Alert einschiffte, segelte ich bei Niedrigwasser um das Wrack herum und *beobachtete* das die Deal-Logger umschwärmten sie wie Fliegen; Die Besatzungen befreiten den Boden von Kupfer und retteten ihre Vorräte, während offenbar Hunderte von Männern auf dem Deck damit beschäftigt waren, den zerschmetterten Rumpf abzubauen.

Dies ist schließlich nur eine unbedeutende Episode des Untergangs der Goodwins. Es gibt jedes Jahr viele Wracks, die es wert sind, aufgezeichnet zu werden; aber das reicht aus, um einen allgemeinen Überblick über die Art und Weise zu geben, wie unser großer Krieg gegen den Sturm geführt wird – die Pünktlichkeit, mit der Hilfe geleistet wird, und die Energie, mit der unsere tapferen Seeleute fast jede Nacht bereit sind, ihr Leben aufs Spiel zu setzen rund um die Küste und das ganze Jahr über.

Kapitel Acht.

Docks und Schiffbau.

Nachdem wir in den vorangegangenen Kapiteln die Themen der antiken Schifffahrt und der Schiffe behandelt und einige Berichte über die Boote der Gegenwart gegeben haben, schreiben wir nun über moderne Schiffe. Dabei richten wir unsere Aufmerksamkeit zunächst auf Folgendes:

Die Werft.

Wenn wir Rätsel machen würden, würden wir unseren Leser fragen: „Warum ist ein Schiff wie ein Mensch?" und fügte hinzu: „ Gibst du es auf?" würde antworten: „Weil es sein Leben in einer Wiege beginnt." Aber da wir kein Rätselerfinder sind, stellen wir unserem Leser diese Frage *nicht* . Wir lenken seine Aufmerksamkeit lediglich auf die Tatsache, dass Schiffe wie Menschen nicht nur ein Säuglingsalter haben, sondern auch Wiegen haben – davon später mehr.

Betreten wir eine dieser Marineschulen – die Werft –, wo Schiffe ihre Karriere beginnen können. Was für eine Szene! Was für ein Sägen und Klopfen und Feilen und Schleifen und Klammern und Hämmern, ohne Unterbrechung, vom Morgen bis zum Mittag und vom Mittag bis zum taufrischen Abend! Was für ein Babel an Klängen und ein Chaos aus unbeschreiblichem Material!

Der kleine Junge, den Sie beobachten, wie er im Schatten des dortigen Schiffsrumpfs steht – die Hände in den Taschen (natürlich), den Mund offen (wahrscheinlich) und seine Augen starr auf die Arbeiter gerichtet, die sich wie Bienen auf den Rippen und Balken drängen von jenem Säuglingsschiff hat dort mehr als eine Stunde gestanden, und er wird dort oder in der Nähe noch viele weitere Stunden stehen bleiben; denn bei ihm ist gerade ein Feiertag, und er liebt Häfen und Werften. Sein ganzes Wesen ist darin eingehüllt.

Und das ist ganz natürlich. Die meisten Jungen genießen es, unverständliche und erstaunliche Werke zu betrachten. Lasst uns – Sie und ich, Leser – dem Beispiel dieses Bengels folgen und dabei unseren Mund halten, außer wenn wir etwas sagen wollen, und unsere Augen offen halten.

Hier gibt es Schiffe jeder Form und Größe – vom kleinen Küstenschiff bis zum großen Ostindienfahrer, der in seinem unvollendeten Zustand wie das Skelett eines schrecklichen Megatheriums der vorsintflutlichen Welt aussieht. Einige dieser kleinen Schiffe haben einen riesigen Schuppen über sich, um sie vor Witterungseinflüssen zu schützen; anderen mangelt es an einem solchen Schutz: Denn Schiffe sind, wie es scheint, ebenso wie Menschen den Wechselfällen des Schicksals ausgesetzt. Während die „Großen" der Werftwelt bequem untergebracht sind, sind die Kleinen nicht selten schon von Geburt an den unruhigen Schlägen der rauen Elemente ausgesetzt.

Auch hier gibt es Schiffe in jedem Fortschrittsstadium. Da, direkt neben dir, ist ein „Kleines", das gestern geboren wurde. Der Kiel wurde gerade auf die Blöcke gelegt; und es wird viele lange Tage des Klammerns, Sägens und Hämmerns dauern, bis das Kleinkind das strotzende Aussehen eines vorsintflutlichen Skeletts annimmt. Dort drüben ist der Rumpf eines Schiffes, das fast fertig ist. Es ist ein riesiges Kleinkind und sieht aus wie ein sehr blühendes Kind. Es hat offensichtlich eine robuste Bauweise und einen stabilen Rahmen. Vielleicht können wir die Werft morgen noch einmal besuchen und den Stapellauf dieses Schiffes sehen.

Außer diesen beiden gibt es Schiffe mit teilweise hochgezogenen Spanten und Schiffe mit teilweise aufgesetzter Beplankung; und in einem weiter entfernten Teil der Werft liegen ein oder zwei alte Schiffe, die hoch und trocken hochgezogen wurden, um nach vielen harten und tapferen Kämpfen mit den Meereswellen ihren Boden reparieren und ihre Nähte neu richten zu lassen.

Nachdem wir uns nun ausführlich mit dem allgemeinen Erscheinungsbild der Werft beschäftigt haben, wollen wir uns etwas näher mit den Einzelheiten befassen. Wir werden zunächst Folgendes erzählen :

Art und Nutzung von Docks.

Es gibt zwei Arten von Docks: Trocken- und Nassdocks. Ein Trockendock ist normalerweise mit Toren ausgestattet, um die Flut einzulassen oder abzusperren. Wenn ein Schiff von einer langen Reise ankommt und eine

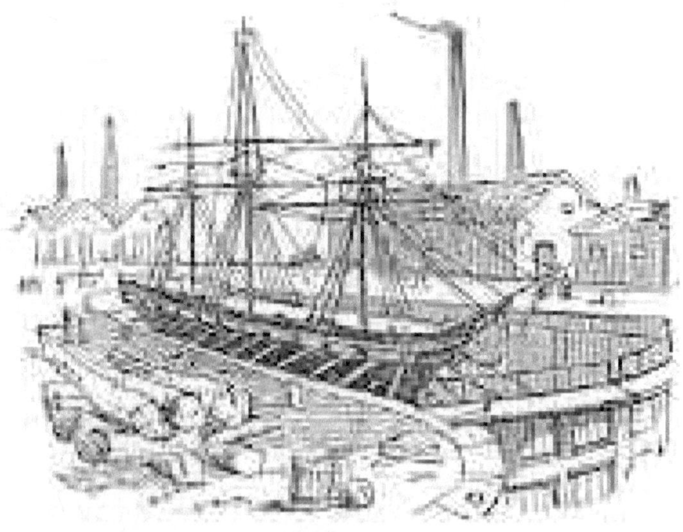

Reparatur am unteren Teil seines Rumpfes benötigt, muss es auf die eine oder andere Weise aus dem Wasser geholt werden.

Dieses Ziel wird bei kleinen Schiffen häufig dadurch erreicht, dass man sie einfach sanft über den flachen Sand- oder Schlammstrand einer Bucht oder eines Hafens laufen lässt , sodass sie bei Ebbe trocken bleiben. Bei großen Schiffen wäre dies jedoch sowohl gefährlich als auch unpraktisch, weshalb zu diesem Zweck Trockendocks gebaut wurden. Sie sind so gebaut, dass bei Hochwasser auch die Trockendocks voll sind. Wenn es so mit Wasser gefüllt ist, werden die Tore eines Trockendocks geöffnet und das große Schiff langsam hineingeschleppt, woraufhin die Tore geschlossen werden. Die Flut zieht sich dann zurück und lässt es in diesem Wasserbecken zurück. Das Schiff wird dann auf allen Seiten mit Balken abgestützt, so dass es aufrecht

„auf einem gleichmäßigen Kiel“ steht und somit der Druck auf seinen Rumpf gleichmäßig verteilt wird und es keinen Schaden nimmt. Dann wird das Wasser durch Schleusen in den Toren abgelassen oder abgepumpt und das Schiff trocken gelassen. Wenn die Flut zurückkehrt, werden alle Tore und Schleusen geschlossen und der Zugang zum Dock verhindert, bis das Schiff repariert ist und dann langsam Wasser eingelassen wird. Wenn das Schiff schwimmt, fallen die Stützen und Stützen weg Die Tore ihres Krankenhauses werden geöffnet, und sie macht sich wieder auf den Weg, mit der ganzen Kraft der rekrutierten Gesundheit, um über die Wogen der großen Tiefe zu fliegen.

Ein Nassdock ähnelt in gewisser Weise einem Trockendock. Der Hauptunterschied besteht darin, dass die Schiffe darin im Wasser schwimmen.

Docks dienen jedoch nicht nur der Reparatur und dem Bau von Schiffen. Sie dienen auch zum Be- und Entladen; Und da dort fast ständig Schiffe ein- und auslaufen, ist die geschäftige, geschäftige und aktive Szene, die sie bieten, immer angenehm.

Die wichtigsten Docks im Vereinigten Königreich sind wie folgt:

Docks an der Themse – nämlich East und West India Docks, London Docks, Saint Katherine's Docks, Commercial Docks, Victoria Docks.

Southampton Docks .

Liverpool- und Bristol-Docks .

Rumpfdocks .

Glasgow Docks .

Dundee Docks .

Leith Docks .

Birkenhead Docks .

So viel zu den Docks im Vorbeigehen. Wenden wir uns nun dem Prozess zu:

Ein Schiff bauen.

Da wir es für höchst unwahrscheinlich halten, dass einer unserer Leser beabsichtigt, Schiffszimmermann oder Schiffsarchitekt zu werden, werden wir ihn nicht mit technischen Erklärungen belästigen. Wir werden lediglich versuchen, eine leicht verständliche und allgemeine Vorstellung von der Art und Weise des Schiffbaus zu vermitteln. Es sollen nur die Namen derjenigen Teile angegeben werden, auf die in der allgemeinen Literatur häufig oder gelegentlich Bezug genommen wird.

Der Begriff *Schiff* wird in zwei Bedeutungen verwendet. Im gebräuchlichen Sprachgebrauch bezeichnet es jedes große oder kleine Schiff, das mit Segeln durch den Ozean navigiert. Im nautischen Sprachgebrauch bezieht sich der Begriff ausschließlich auf ein Schiff mit drei Masten, die jeweils aus einem Untermast, einem Obermast und einem Obermast bestehen. Derzeit verwenden wir den Begriff *Schiff* im gewohnten Sinne.

der Erstellung aufwändiger und komplizierter Zeichnungen beginnt der Schiffbauer mit der Arbeit.

Der *Kiel* ist der erste Teil eines Schiffes, der gelegt wird. Es handelt sich um den Balken, der am Boden eines Bootes oder Schiffs von einem Ende zum anderen verläuft. Bei großen Schiffen besteht der Kiel aus mehreren zusammengefügten Teilen. Sein Zweck besteht darin, das Schiff dazu zu bringen, bei seiner Fahrt durch das Wasser einen direkten Kurs beizubehalten; den Spielraum zu überprüfen, den jedes Schiff einnimmt; und um die Rollbewegung zu mildern. Der Kiel ist auch das Fundament, auf dem der gesamte Aufbau ruht, und ist daher äußerst stark und solide. Das beste Holz für Kiele ist Teakholz, da es nicht splittert.

Nachdem der Schiffsbauer den Kiel fest auf einem Bett aus Holzblöcken in einer solchen Position abgelegt hat, dass das fertige Schiff mit dem Heck ins Wasser gleiten kann, beginnt er als nächstes damit, den Bug und die Heckpfosten zu errichten.

Der *Stevenpfosten* erhebt sich vom *vorderen* Ende des Kiels, nicht ganz senkrecht, sondern leicht nach außen geneigt. Es besteht je nach Schiffsgröße aus einem oder mehreren Holzstücken; Aber egal wie viele Teile verwendet werden, es ist immer ein einheitlicher Einzelbalken im Aussehen. Daran werden anschließend die Enden der Schiffsplanken befestigt. Sein äußerer Rand wird *Cut-Water genannt*, der ihn umgebende Teil des Schiffes wird Bug *genannt*.

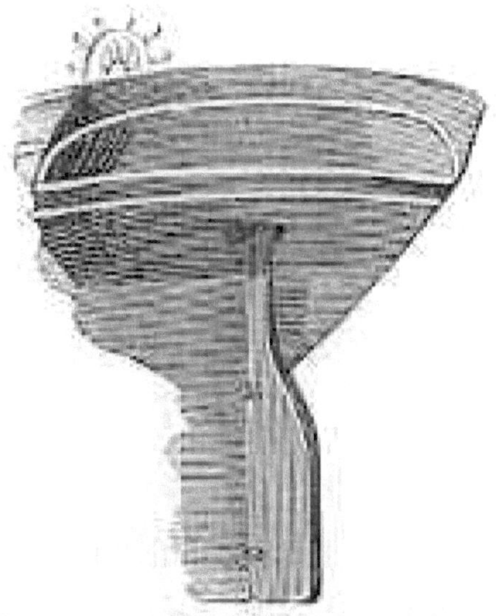

Der *Heckpfosten* erhebt sich vom gegenüberliegenden Ende des Kiels und fällt ebenfalls leicht nach außen ab. Daran sind die Enden der Beplankung und der Rahmen des Heckteils des Schiffes befestigt. Daran ist auch der kleine, aber wichtigste Teil eines Schiffes befestigt, das *Ruder*. Das Ruder oder Ruder ist ein kleines Stück Holz, das sich entlang der Rückseite des Heckpfostens erstreckt und mit sogenannten großen eisernen Haken und Ösen beweglich daran aufgehängt ist. Mit dem Ruder steuert der Seemann das Schiff in die von ihm gewünschte Richtung. Der Kontrast zwischen der unbedeutenden Größe des Ruders und seiner immensen Bedeutung ist sehr auffällig. Seine Macht über das Schiff wird in der Heiligen Schrift folgendermaßen erwähnt : „Siehe auch die Schiffe, die, obwohl sie so groß sind und von heftigen Winden angetrieben werden, doch mit einem sehr kleinen Ruder herumgelenkt werden, wohin auch immer der Statthalter will . " Das Ruder wird durch einen riesigen Griff oder Hebel an Deck, der *Pinne genannt wird, von einer Seite zur anderen bewegt* ; Da aber bei großen Schiffen das Ruder durch eine so einfache Vorrichtung schwer zu bewegen ist, sind mehrere Seile oder Ketten und Rollen daran befestigt und mit der Trommel eines Rades verbunden, an dem der Steuermann *steht* . Auf den größten Schiffen sitzen oft zwei, bei rauem Wetter sogar vier Männer am Steuer.

die *Rippen* des Schiffes zum Vorschein. Dabei handelt es sich um gebogene Holzbalken, die auf beiden Seiten des Kiels aufragen und fest mit diesem verschraubt sind. Sie erfüllen für ein Schiff den gleichen Zweck wie Knochen für den menschlichen Körper: Sie stützen und verleihen ihm Kraft sowie Form.

Die *Planken* folgen den Rippen. Diese sind breit und variieren in der Dicke von zwei bis vier Zoll. Sie bilden die Außenhaut des Schiffes und werden mit unzähligen Stiften aus Holz oder Eisen, sogenannten Baumnägeln, an den Spanten, dem Kiel, dem Vorsteven und dem Heckpfosten *befestigt* . Die Zwischenräume zwischen den Brettern sind verstemmt, also mit Eichenholz *gefüllt ;* Diese Substanz ist einfach das aufgedrehte Kabel alter und teeriger Seile. Nachdem oben und vorne auf dem Vorsteven direkt über dem Wellenbrecher eine Galionsfigur irgendeiner dekorativen Art angebracht wurde, und ein flaches, dekoratives Heck mit Fenstern zur Beleuchtung der Kajüte, ist der Rumpf unseres Schiffes fertig . Die Innenausstattung muss jedoch noch beschrieben werden, obwohl sie natürlich gleichzeitig mit dem Rest weiterentwickelt wurde.

Die *Balken* eines Schiffes sind massive Holzbalken, die sich in einer Reihe von Ebenen von einer Seite zur anderen erstrecken. Sie dienen dazu, die Seiten miteinander zu verbinden, sie vor dem Einsturz zu schützen, die Decks zu stützen und der gesamten Struktur Kompaktheit und große Festigkeit zu verleihen.

Die *Decks* sind einfach an die Balken genagelte Dielenböden und dienen im Wesentlichen den gleichen Zwecken wie die Böden eines Hauses. Sie tragen auch dazu bei, das Schiff in Längsrichtung zu verstärken. Alle Schiffe verfügen über mindestens ein komplettes Deck; Die meisten haben zwei, mit einem Halbdeck am Heck, dem sogenannten *Achterdeck* , und einem weiteren am Bug, dem sogenannten *Vordeck* . Aber die Decks großer Schiffe sind noch zahlreicher. Die Werte eines erstklassigen Kriegsschiffes sind wie folgt – wir beginnen mit dem niedrigsten, der beträchtlich unter der Meeresoberfläche liegt : –

Das Orlop-Deck, das Kanonendeck, das Mitteldeck, das Oberdeck, das Achterdeck und das Poop-Deck – das letztere Deck ist das höchste Deck von allen, ein sehr kleines am Heck.

Ein Kriegsschiff ist also ein schwimmendes Haus mit sechs Stockwerken – das Achterdeck ist die Mansarde und das Orlopdeck die Keller. Die oberen Decks werden durch Oberlichter beleuchtet; diejenigen weiter unten an Bullaugen (oder Schusslöchern) und Fenstern; am niedrigsten von allen durch Kerzen oder Lampen, da das Tageslicht für immer aus diesen düsteren Unterwasserregionen verbannt ist!

Die *Schanzkleider* erheben sich rund um das Schiff über das Oberdeck und dienen dazu, das Oberdeck vor den Wellen zu schützen und die *Sicherungsbolzen zu tragen*, an denen die Seile befestigt sind. Bei Kriegsschiffen bildet die Spitze des Schanzkleides rund um das Schiff eine Art Mulde, in der jeden Morgen die Hängematten (die Schaukelbetten) der Männer verstaut werden. Dieser Trog wird *Hängemattennetz* genannt und die Hängematten werden dort platziert, damit sie gut belüftet sind. Im Einsatz dienen die Schanzkleider dazu, die Besatzung vor Musketenbeschuss zu schützen.

Das bereits erwähnte *Steuerrad steht üblicherweise am Heck des Schiffes, auf dem Achterdeck;* aber manchmal wird es auf einer erhöhten Plattform mitten auf dem Schiff platziert, damit der Steuermann klarer sehen kann, wohin er fährt.

Die *Binnacle* steht direkt vor dem Rad. Dabei handelt es sich um eine Art Kasten, der fest am Deck befestigt ist und in dem der Kompass untergebracht ist. Es ist komplett verkleidet und verfügt über ein Glasfenster, durch das der Mann am Steuer den Kurs beobachten kann, den er steuert.

Die *Winde* steht auf dem Hauptdeck, manchmal in der Mitte des Schiffes, manchmal in der Nähe des Bugs oder Hecks. Dabei handelt es sich um einen massiven Holzblock, der sich auf einem Drehpunkt bewegt, der durch Holzhebel, sogenannte Spillstangen oder *Handspitzen* , gedreht wird und für jeden Zweck verwendet wird, der eine große Zugkraft erfordert – zum Beispiel zum Einziehen des Kabels oder das Schiff verziehen; Das bedeutet, dass ein Seil am Ufer oder durch einen Anker am Meeresgrund befestigt wird und das andere Ende um die Winde gewickelt wird, so dass sich das Seil aufrollt, wenn die Winde durch die Handspitzen herumgedrückt wird es, und das Schiff wird langsam vorwärts gezogen.

Die *Ankerwinde* ist einfach eine horizontale statt einer senkrechten Winde. Sie dient ausschließlich dem Ausheben des Ankers und wird in der Nähe des Bugs des Schiffes platziert.

Die *Kombüse* oder das Kochhaus befindet sich normalerweise in der Nähe der Ankerwinde im vorderen Teil des Schiffes. Hier herrscht der Koch; aber diese nautische Küche ist wunderbar klein. Es ist gerade groß genug, um den Kamin und das „Kupfer" aufzunehmen, mit einem kleinen Regal, auf dem der Koch (immer ein Mann, oft ein Neger) seine Büroaufgaben verrichtet.

Die verschiedenen darunter liegenden Decks sind durch Bretterwände, sogenannte *Schotte* , in verschiedene Kojen und Wohnungen unterteilt; und der größte Teil der Mitte des Schiffes (bei Handelsschiffen) wird Laderaum genannt *und* ist für die Ladung reserviert.

Der *Rumpf* des Schiffes, das gerade fertiggestellt wird, wird nun rundherum mit einer Teerschicht überzogen, die das Holz vor Witterungseinflüssen schützt und dabei hilft, die Nähte wasserdicht zu machen. Einige Schiffe sind vom Kiel bis kurz über die Wasserlinie mit dünnen Kupferblechen ummantelt, um sie wirksamer vor Rissen und Abnutzung zu schützen und insbesondere um sie vor Seepocken und Meeresinsekten zu schützen, die sich sonst an ihnen festsetzen würden.

Da sie nun bereit ist, von ihrer Wiege ins Meer – ihr zukünftiges Zuhause – geschleust zu werden, werden wir in unserem nächsten Kapitel mit der Beschreibung des Prozesses des Stapellaufs fortfahren.

Kapitel Neun.

Der Start usw.

Schiffe beginnen ihr Leben mit einer rückläufigen Bewegung; Sie ahmen die Krabben nach: Mit anderen Worten, sie werden mit dem Heck voran gestartet. Ob groß oder klein, lang oder klein, ob in Patrizierkupfer gekleidet oder mit plebejischem Teer beschmiert, sie alle beginnen ihre erste Reise mit ihren Heckpfosten, die die Rolle von Kuttern spielen, und außerdem ohne Masten oder Segel. Diese notwendigen Hilfsmittel und viele andere werden hinzugefügt, nachdem sie an den Schoß ihres Heimatmeeres geklammert wurden. Eine bemerkenswerte Ausnahme von dieser Regel ist der Stapellauf der weithin berühmten *Great Eastern* , bei der das Ungeheuer der Tiefe *seitlich in sein Element gezwungen wurde* . Eine ausführliche Darstellung davon finden Sie in einem anderen Teil dieses Bandes.

Die *Wiegen* , auf denen Schiffe zu Wasser gelassen werden, sind Holzgerüste, die so konstruiert sind, dass sie eine schiefe Ebene, sogenannte Gleise , hinuntergleiten und dabei ihre Lasten mit ins Wasser nehmen. Wenn ein Schiff zum Stapellauf bereit ist, werden die *Stützen* oder Stützen, die es so lange in Position gehalten haben, nacheinander weggeschlagen, bis das gesamte Gewicht des Schiffes auf der Wiege ruht. Die *Wege* sind dann gut gefettet, und es müssen nur noch ein oder zwei verbleibende Schecks entfernt werden, damit das Schiff mit seinem eigenen Gewicht sein zukünftiges Zuhause suchen kann.

Doch bevor dieser letzte Akt erledigt ist, muss ein Tag für den Start festgelegt werden; Freunde der Eigner müssen eingeladen werden, während ihrer ersten Reise an Bord zu gehen; Eine schöne Jungfrau muss gebeten werden, die Zeremonie zu durchlaufen, bei der dem Schiff ihr Name gegeben wird. und Absätze müssen in den Zeitungen die Runde machen. Wenn die Stunde naht, müssen Scharen von Menschen, jung und alt, männlich und weiblich, zum Ort eilen, um dem großen Ereignis beizuwohnen, und Hunderte kleiner Jungen müssen um Urlaub in der Schule bitten (wenn sie können); Kurz gesagt, es muss großes Aufsehen erregt werden und ein großer Tag muss anbrechen, bevor die letzten Ufer weggerissen werden und dem edlen Bau gestattet wird, diese schiefe Ebene hinunterzustürzen und zum ersten Mal die Wellen zu spalten.

Und nachdem wir nun gezeigt haben, wie der Stapellauf unseres Schiffes erfolgt, wollen wir uns nun dem nächsten Schritt zur Vollendung zuwenden; denn es gibt noch viel zu tun, bis sie dem Sturm trotzen kann.

Ein Schiff aufrüsten.

Obwohl das Einpassen der Untermasten eines Schiffes nicht unbedingt als Teil der Takelage angesehen werden kann, werden wir hier dennoch den Vorgang beschreiben.

Da die unteren Masten eines großen Schiffes einen Umfang von fünf bis sechs Fuß haben, ist es offensichtlich, dass eine starke mechanische Vorrichtung erforderlich ist, um sie über die Schanzkleider zu heben und sie in eine aufrechte Position an ihren vorgesehenen Stellen zu bringen. Solche Vorrichtungen in Form riesiger Kräne sind in einigen der größeren Docks stationiert; Am nützlichsten ist es jedoch, die Masten wie folgt einzubauen:

Der Shear Hulk . Hierbei handelt es sich um einen stark gebauten Schiffsrumpf, der in einem Teil eines Flusses oder Hafens festgemacht ist und Schiffen jeder Größe Wassertiefe bietet. Es hat einen starken Mast, an dem in der Nähe des Decks zwei riesige Balken befestigt sind, die über die Schanzkleider nach außen geneigt sind, so dass ihre Enden über das Deck des Schiffes hinausragen, auf dem die Masten angebracht werden sollen. Diese schrägen Balken werden vollständig daran gehindert, über Bord zu fallen, und ihre Neigung wird durch Blöcke und Flaschenzüge vom Mast des Schiffsrumpfes reguliert. Mit Hilfe dieser Vorrichtung, bei der es sich lediglich um einen gigantischen Schwimmkran handelt, werden die schweren Untermasten großer Schiffe angehoben und an ihren Platz abgesenkt.

Wenn diese befestigt sind, beginnt der Aufbau des Schiffes. Die Art und Weise, wie es zusammengestellt wird, kann für den allgemeinen Leser nicht von Interesse sein; Nicht einmal für Jungen, denn wenn sie sich mit dem Aufrüsten von Modellschiffen beschäftigen, benötigen sie nicht die mechanischen Vorrichtungen, die beim Aufrüsten großer Schiffe notwendig sind. Aber alle Leser von Meeresgeschichten und der Geschichte der Seefahrt werden feststellen, dass es für ihr klares Verständnis des Gelesenen von größtem Vorteil ist, eine allgemeine Vorstellung von den Namen und Verwendungszwecken der wichtigsten Teile der Schiffsausrüstung zu haben.

Wir werden daher der Erläuterung dieses Themas einen kleinen Raum widmen. Und lassen Sie uns zunächst die *Masten untersuchen* .

Diese variieren in Größe, Form und Anzahl auf den verschiedenen Schiffen, dienen aber bei allen dem gleichen Zweck – der Unterstützung der Segel. Die unteren Masten großer Schiffe bestehen nie aus einem einzigen Baum. Sie erweisen sich als stabiler, wenn sie aus mehreren Teilen bestehen, die durch starke Eisenreifen aneinander befestigt werden. Masten bestehen manchmal aus drei verschiedenen Teilen. Der *untere* Mast, *der obere* Mast und *der obere Galantmast* . Auf den meisten großen Schiffen gibt es drei Masten, die jeweils aus drei Teilen bestehen. Der Mittelmast , der größte, ist der *Hauptmast* ; der vordere, der nächstgrößere ist der *Fockmast* ; und derjenige, der dem Heck am nächsten liegt und der kleinste ist, wird Besan *genannt* .

der Klarheit halber von *Untermasten* gesprochen haben , wird der Name nie verwendet. Der Name des Mastes selbst bezeichnet seinen unteren Teil. Um die Masten der Reihe nach zu benennen, haben wir den Fockmast. Großmast. Besanmast. Fockmast. Hauptmast. Besan-Top-Mast. Vorbrammast. Großbrammast. Besan-Topgallant-Mast.

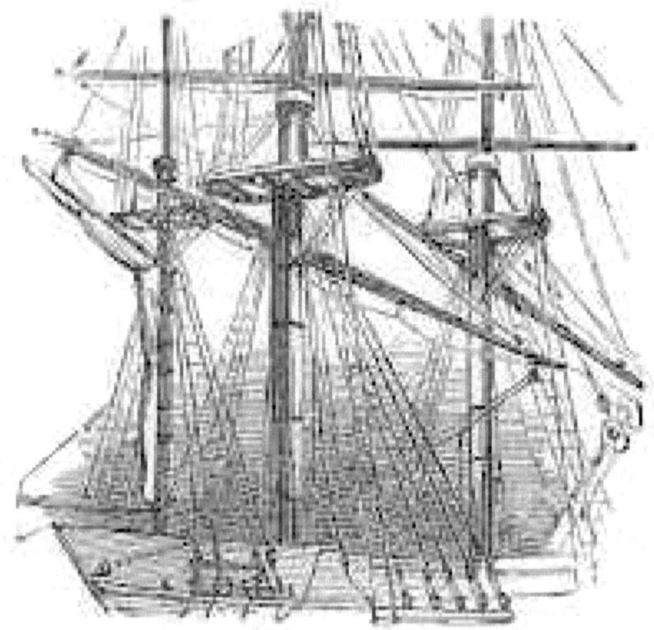

Die Teile der verschiedenen Masten werden mittels *Querbäumen* und *Kappen* *verbunden und gesichert* , die nach dem Mast und dem Mastteil, zu dem sie gehören, benannt sind. So haben wir die *Fore-Top* , die *Fore-Top-Mast-Kreuzbäume* , den *Main-Top-Mast* und *die Main-Top-Mast-Kreuzbäume* usw. Beachten Sie insbesondere, dass es sich bei dem *Vortop* , *dem Großtop* und *dem*

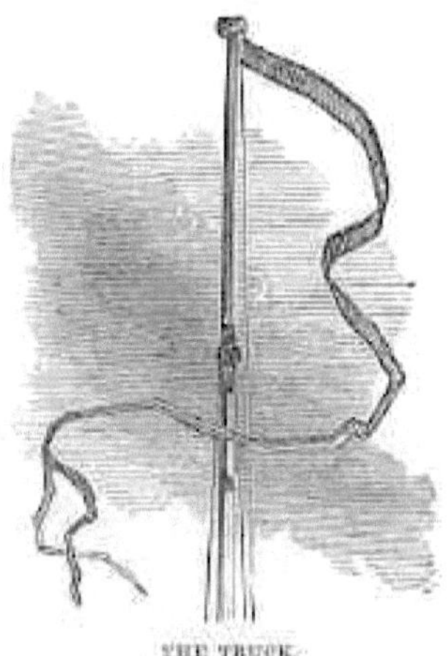

Besantop um die Plattformen oder Querbäume an den Spitzen der *Untermasten* *handelt* und nicht – wie Landsmänner durchaus annehmen könnten – um das Äußerste Spitzen dieser Masten. Die knopfartigen Gegenstände auf den Mastspitzen werden *Lastwagen* genannt ; die nicht nur eine Art Abschluss bilden, sondern auch mit kleinen *Flaschenzügen ausgestattet sind* , durch die *Signalfallen* oder Schnüre zum Hissen der Flaggen geführt werden.

Bei erstklassigen Kriegsschiffen sind die *Spitzen* so groß, dass mehrere Männer darauf stationiert werden können. Neben ihren anderen Zwecken werden sie sehr häufig als Strafstätte für die Midshipmen oder „Middies" (die jungen Offiziere) genutzt, die oft dorthin geschickt werden, um Luft zu schnappen und, wenn sie können, von ruhiger Besinnung in erhabenen Zeiten zu profitieren Einsamkeit.

Wanten und *Stag* sind die dicken Seile, die die Masten fest in Position halten. Sie sind Teil dessen, was man „stehendes Fahrwerk" eines Schiffes nennt – also die Seile, die Befestigungen darstellen – um sie vom „Fahrwerk" zu unterscheiden – jenen beweglichen Seilen, mit denen die Segel, Boote, Flaggen befestigt werden usw. werden gehisst. Fast alle Taue eines Schiffes sind nach dem Mast oder der Rahe oder dem Segel benannt, mit dem sie verbunden sind. So haben wir die *Großwanten* , die *Großmastwanten* und die *Großbramwanten* ; das *Haupt-Achterstag* , das *Haupt-Marm-Achterstag* und so weiter – die Namen der anderen Masten sind ähnlich benannt, mit Ausnahme

des ersten Wortes, das natürlich auf den jeweiligen Mast hinweist, auf den Bezug genommen wird. Die Wanten erheben sich aus den *Ketten* , bei denen es sich um eine Reihe von Blöcken handelt, die „tote Augen" genannt werden und an den Seiten des Schiffes befestigt sind. An diesen sind die Wanten befestigt, und auch an den Masten in der Nähe der Spitzen; Sie dienen dazu, ein *seitliches Absturz der Masten zu verhindern* . Achterstage verhindern, dass sie *nach vorne* fallen , und *Vorstage* verhindern, dass sie *nach hinten* oder „nach hinten" fallen. Darüber hinaus sind an Wanten kleine Querseile, *Rattenleinen genannt* , befestigt, mit denen die Matrosen über Strickleitern die Takelage auf- und absteigen , um sie aufzurollen, also zu binden, oder *zu entfalten* , das heißt zu lösen oder auszuschütteln Segel.

Unser Schnitt stellt einen Matrosenjungen dar, der die Wanten des Besantops hinaufsteigt. Er ergreift die *Wanten* und stellt sich auf die *Rattenleinen* .

Rahen sind schwere hölzerne Querstangen oder Balken, an denen die Segel befestigt sind.

Riffpunkte sind die kleinen Seile, die in aufeinanderfolgenden Reihen an allen Segeln hängen und mit denen *Teile* der Segel zusammengezogen und um die Rahen gebunden werden, wodurch sie bei stürmischem Wetter kleiner werden. Daher solche nautischen Ausdrücke wie „Einholen eines Riffs" oder „Doppelriff" und „nahes Reffen", wobei letzteres impliziert, dass ein Segel auf seine kleinstmöglichen Abmessungen reduziert werden soll. Die einzig mögliche weitere Reduzierung bestünde darin, es ganz in der Nähe der Werft zusammenzufalten, was man „Aufrollen" nennen würde und es völlig wirkungslos machen würde. Um Segel aufzurollen oder zu reffen, müssen die Männer die Masten besteigen und auf den Rahen *auslegen* . Bei stürmischem Wetter ist es eine sehr gefährliche Arbeit. So mancher arme Kerl wurde, während er in einer dunklen, stürmischen Nacht seine Segel reffte, von der Werft ins Meer geweht, und nie hat man von mehr gehört. Alle Rahen eines

Schiffes, mit Ausnahme der drei größten, können mittels *Fallen gehoben und gesenkt werden* . Die Spitzenmasten können auch abgesenkt werden, aber die Untermasten sind natürlich Einbauten.

Der *Bugspriet* eines Schiffes ist ein Mast, der horizontal oder schräg aus dem

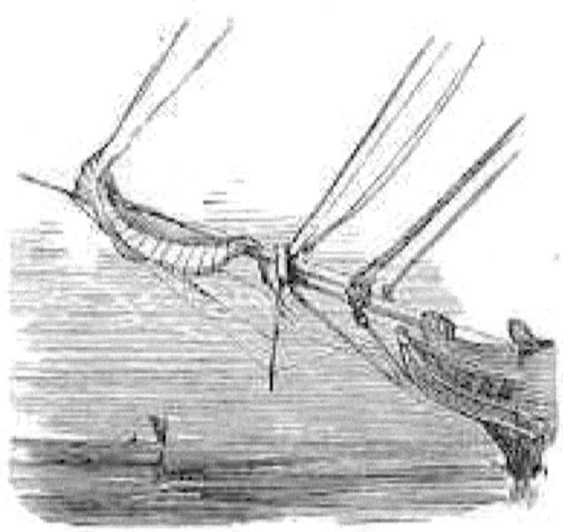

Bug herausragt. Manchmal besteht es aus zwei oder drei Teilen, manchmal nur aus einem. Daran sind das *Klüversegel* und der *Focksegel befestigt* , außerdem verschiedene Seile und Streben, die mit dem Fockmast verbunden sind und diesen stützen.

Bei den *Katzenköpfen* handelt es sich um zwei kurze Balken, die auf beiden Seiten aus dem Bug herausragen und die Schiffsanker tragen.

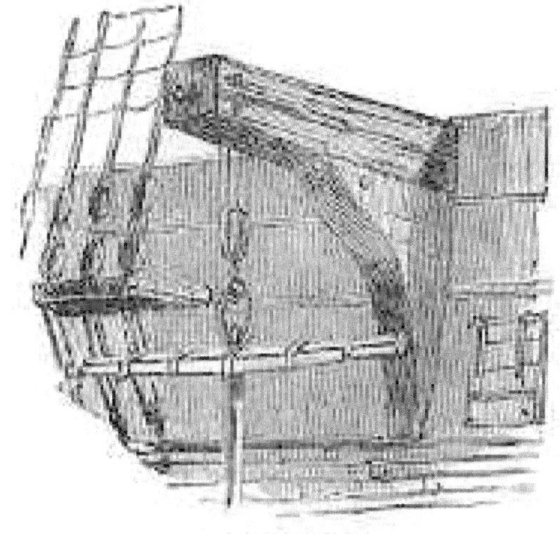

Verschiedenes. – Die Öffnungen in den Decks werden *Luken genannt* ; Die Treppen, die zu den Hütten führen, werden als *Gefährten bezeichnet* . Die Flaschenzüge, mit denen Segel usw. gehisst werden, werden als *Blöcke bezeichnet* . *Streben* sind Seile, mit denen Segel in jeder Position fest fixiert werden. Ein Seil *straff ziehen* bedeutet, es festzuziehen. Unter der *Wetterseite* eines Schiffes versteht man die Seite, die dem Wind zugewandt ist; die *Lee-*Seite, die vom Wind abgewandte und daher geschützte Seite. Die *Steuerbordseite* bedeutet die rechte Seite, die *Backbordseite* bedeutet die linke Seite; aber da die beiden Wörter einander ähneln, wird für links immer das Wort *port* verwendet, um Fehler beim Rufen von Befehlen zu vermeiden. *Beim Heben des Bleis* wird ein schweres bleiernes Lot mit einer daran befestigten Leine ins Meer geworfen, um die Tiefe zu ermitteln. Es wird von den *Ketten* so weit wie möglich vor das Schiff geworfen, damit es den Boden erreicht und sich senkrecht unter dem Mann befindet, der es hebt, wenn das Schiff die Stelle erreicht, an der es ins Wasser gelangt. Jedes Mal, wenn er die Leine wirft, stößt der Werfer einen eigenartigen, musikalischen Schrei aus. Das Vorschiff ist der Lebensraum der gewöhnlichen Seeleute und wird im nautischen Sprachgebrauch üblicherweise als „*foge-s'l*" *bezeichnet* .

Das meiste von dem, was wir gerade beschrieben haben, trifft mehr oder weniger auf jedes Schiff zu; aber das wird man in den nächsten Kapiteln sehen. In der Zwischenzeit möchten wir allen, die dieses Kapitel als trocken empfunden haben, dringend empfehlen, sich wieder der Überschrift „Ein Schiff aufrüsten" zuzuwenden und es von diesem Punkt an noch einmal mit ernsthafter Aufmerksamkeit zu lesen.

Kapitel Zehn.

Küstenschiffe.

Der Küstenhandel der britischen Inseln ist voller Gefahren, wird aber dennoch mit größter Energie betrieben ; und es gibt immer viele „Hände", wie Seeleute im Zusammenhang mit Schiffen genannt werden, um die Schiffe zu bemannen. Der Verkehr, den sie betreiben, besteht darin, die Waren, die einem Teil unserer Insel eigen sind, in einen anderen Teil zu transportieren, wo sie nachgefragt werden.

Bei der Beschreibung dieser Gefäße beginnen wir mit den kleinsten.

Schaluppen.

Wie alle anderen Schiffe variieren auch die Schaluppen in der Größe, aber keines von ihnen erreicht eine große Größe. Als Klasse sind sie die kleinsten Deckschiffe, die wir haben. 40 bis 100 Tonnen Belastung sind eine weit verbreitete Größe. Eine Schaluppe mit 40 Tonnen Ladung nennen wir

gewöhnlich ein *kleines* Schiff, und eine Schaluppe mit 100 Tonnen ist keineswegs groß. Da der Rumpf eines solchen Schiffes ausschließlich für den Transport von Fracht bestimmt ist, ist für die Besatzung nur sehr wenig Platz vorgesehen. Die Kabinen der kleineren Schaluppen sind selten hoch genug, um es einem gewöhnlichen Mann zu ermöglichen, aufrecht zu stehen. Normalerweise sind sie in der Lage, zwei Personen in der Kajüte und drei oder vier Personen auf dem Vorschiff unterzubringen – und eine solche

Unterbringung ist keineswegs ausreichend. Die Klasse, zu der Schiffe gehören, wird hauptsächlich durch die Anzahl ihrer Masten sowie durch die Anordnung und Form ihrer Segel bestimmt.

Die Besonderheit der Schaluppe besteht darin, dass sie nur einen Mast hat; und seine Takelage ist, nautisch gesehen, *vorn und hinten* – das heißt, die Segel sind mit ihren Oberflächen parallel zu den Seiten des Schiffes ausgebreitet und *nicht auf Rahen quer über das Schiff* gespannt . Der Begriff „vorne und hinten" leitet sich vom *vorderen* Teil und dem *hinteren* Teil des Schiffes ab. *Längssegel* sind also solche, die auf Rahen ausgebreitet sind, die nach vorn und hinten zeigen, nicht quer über das Schiff. Wir halten diese ausführliche

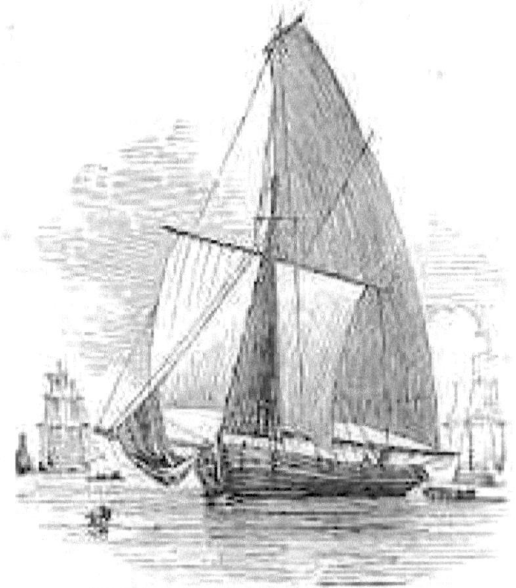

Erklärung für einige Leser für notwendig und entschuldigen uns daher nicht dafür. Ein Schiff, dessen Segel über den Rumpf verteilt sind, wird als *Rahschiff bezeichnet* . Manchmal trägt eine Schaluppe jedoch ein oder sogar zwei Rahsegel.

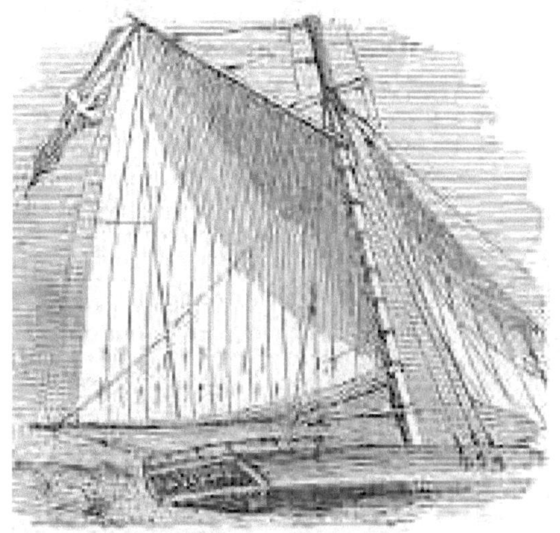

Die Masten, Rahen und Segel einer Schaluppe sind wie folgt: – Wie bereits gesagt, besteht eine der besonderen Besonderheiten einer Schaluppe darin, dass sie nur *einen* Mast hat. Dieser Mast besteht manchmal aus einem *Stock*, manchmal aus zwei; Der zweite oder oberste Mast ist mit *Querbäumen* und *einer Kappe* an der Spitze des unteren Masts befestigt, so dass er nach Belieben gehoben oder gesenkt werden kann. Eine Schaluppe hat normalerweise vier Segel: ein Großsegel, ein Vorsegel, eine Gaffel und einen Fock. Das *Großsegel* liegt hinter dem unteren Mast. Es reicht von wenigen Fuß über das Deck bis

zur Spitze des unteren Masts und breitet sich über zwei Meter zum Heck oder nach einem Teil des Schiffes aus, über den es einige Fuß hinausragt. Der untere Rahe des Großsegels wird als Baum bezeichnet, der obere als

Großsegelrahe. Dies ist mit Abstand das größte Segel der Schaluppe. Darüber ist die *Gaffel ausgebreitet*, ein vergleichsweise kleines Segel, das bei schwachem Wind zum Einsatz kommt. Das *Vorsegel* ist eine dreieckige Schot, die über dem *Vorstag quert*; das heißt, das starke Seil, das vom unteren Mastkopf zum

Bug oder zum vorderen Teil der Schaluppe verläuft. Auf dem Bugspriet ist der *Fock gespannt*, ein weiteres dreieckiges Segel, das fast bis zur Spitze des unteren Mastes reicht. Das einzige Segel, das über den unteren Mast ragt, ist die Gaffel. Bei stürmischem Wetter wird dieses Segel immer abgenommen.

Steigt der Wind zu einem Sturm, wird der Ausleger abgesenkt und am Bugspriet festgezurrt.

Sollte der Sturm stärker werden, wird ein Reff im Großsegel eingeholt. Je nach der Stärke des Sturms werden ein, zwei, drei und manchmal vier Riffe eingenommen; Wenn das letzte Reff eingeholt ist, steht die Schaluppe unter dem *eng gerefften* Großsegel. Erhöhte Heftigkeit im Sturm erfordert das Einholen des Großsegels und das *Unterlegen* des Vorsegels oder eines Teils davon. Anlegen bedeutet, den Kopf der Schaluppe in den Wind zu richten und das Ruder so zu positionieren, dass es dazu neigt, das Schiff in eine Richtung zu drehen, während der auf das Vorsegel wirkende Sturm dazu neigt, es in eine andere Richtung zu zwingen, und somit auch bleibt zwischen den beiden entgegengesetzten Kräften stationär. Viele Schiffe *lügen auf diese Weise* und überstehen den schwersten Sturm. Manchmal entsteht jedoch ein schrecklicher Hurrikan, der die Schiffe dazu zwingt, alle Segel einzuziehen und „ *unterzutauchen*". *nackte Stangen* " – das heißt, ohne Segel *vor dem Wind fahren ;* und in solchen Zeiten ist der Mensch gezwungen, seine völlige Hilflosigkeit und seine absolute Abhängigkeit vom Allmächtigen zu spüren. Natürlich gibt es geringfügige Unterschiede im Rigg der Schaluppen – einige haben ein *Rahsegel* und andere einen *fliegenden Ausleger* ; Dies sind jedoch keine besonderen Segel und sie werden selten in kleinen Booten verwendet.

Zweifellos müssen diejenigen unserer Leser, die an der Meeresküste gelebt haben, beobachtet haben, dass Boote und Schiffe häufig in genau entgegengesetzte Richtungen fahren, obwohl sie vom gleichen Wind beeinflusst werden. Dieses scheinbare Paradox lässt sich folgendermaßen erklären :

Stellen Sie sich ein Schiff vor, dessen Bug und Heck scharf und genau gleich sind, so dass es mit gleicher Leichtigkeit vorwärts und rückwärts segeln kann. Nehmen wir außerdem an, dass es zwei Masten hat, die in jeder Hinsicht völlig gleich sind – einen in der Nähe des Bugs, den anderen in der Nähe des Hecks. Nehmen wir weiter an, ein quadratisches Segel wäre ganz flach zwischen den beiden Masten gespannt; Und bedenken Sie, dass es sich dabei um ein *Längssegel handeln würde* , also um eines, das sich über die gesamte Länge und nicht über die Breite des Schiffes erstreckt.

seitwärts über das Wasser treiben , nach der Art einer Krabbe. Entfernen Sie nun einen dieser Masten – beispielsweise den Heckmasten – und stellen Sie ihn nahe der Leeseite des Schiffes auf (d. h. weg von der Luvseite), wobei Sie das Segel weiterhin ausgefahren halten. Der unmittelbare Effekt wäre, dass sich das Segel nicht mehr *flach* , sondern diagonal gegen den Wind stellt. Der Wind rutschte daher, nachdem er gegen ihn geprallt war, heftig in Richtung des entfernten Mastes, also zum Heck, ab. Dies würde dem Schiff natürlich einen Schub in die entgegengesetzte Richtung geben; nach dem gleichen Prinzip, dass ein Junge, wenn er heftig von einem Stuhl springt, seinen Körper nicht nur in eine Richtung, sondern auch den Stuhl in die entgegengesetzte Richtung bewegt. Wenn der Wind also vom Segel zum Heck springt, schickt er das Schiff in die entgegengesetzte Richtung – nämlich vorwärts. Kehren Sie dies um; Bringen Sie den Mast, den Sie entfernt haben, wieder an seinen alten Platz in der Mitte des Decks und verschieben Sie den *Vordermast* in die Nähe des Lee-Schanzkleids. Der Wind gleitet nun vom Segel in Richtung *Bug* und treibt unser Schiff in die entgegengesetzte Richtung – nämlich nach hinten; so dass zwei Schiffe bei gleichem Seitenwind in genau entgegengesetzte Richtungen fahren können.

Durch das Ruder und die Anordnung der Segel in verschiedenen Positionen, um sie auf eine bestimmte Weise gegen die Masten zu drücken, können Schiffe dazu gebracht werden, nicht nur bei Seitenwind, sondern auch bei einer kräftigen Brise zu segeln *gegen* sie – in der nautischen Ausdrucksweise kann man sie dazu bringen, „nah am Wind" zu segeln. Kurz gesagt, sie können in jede Richtung segeln, außer direkt in die „Zähne" des Windes. Manche Schiffe segeln näher am Wind als andere; Ihre diesbezüglichen Befugnisse hingen stark vom Schnitt ihrer Segel und der Form ihrer Rümpfe ab.

Der *Leichter* ist ein kleines, raues, schwerfälliges Küstenschiff, meist eine Schaluppe. Es wird zum Löschen von Ladungen großer Schiffe in Häfen und vor Küsten verwendet, wo die Wassertiefe nicht groß ist. Leichter sind in der Regel malerisch aussehende Boote mit schmuddeligen Segeln, und sie tragen selten Decksegel jeglicher Art. Da sie selten mit Deck ausgestattet sind, handelt es sich eher um große Boote als um kleine Schiffe. Aber Leichter werden nicht nach ihrer Takelage klassifiziert; sie können jede beliebige Takelage haben, obwohl die der Schaluppe am häufigsten verwendet wird.

Der Schneider.

Diese Schiffsart ähnelt in fast jeder Hinsicht der Schaluppe; Der einzige Unterschied besteht darin, dass es besser und eleganter gebaut ist. Vergnügungsyachten für Herren sind häufig Kutter; Yachten können jedoch jede beliebige Form und Ausstattung haben – das heißt, sie können zu jeder Schiffsklasse gehören, *ohne* ihren Yachtnamen zu *ändern* . Kutteryachten sind viel eleganter geformt und getakelt als die Schaluppen, die wir gerade

beschrieben haben. Sie sind *in Klipperbauweise gefertigt* – das heißt, der Rumpf ist glatt und scharf geformt; Insbesondere das Schnittwasser ist wie ein Messer und der Bogen keilförmig. Kurz gesagt, obwohl im Grundriss ähnlich, hat eine Kutteryacht die gleiche Beziehung zu einer Handelsschaluppe wie ein Rennfahrer zu einem Zugpferd. Auch ihre Segel sind im Verhältnis größer und sie sind schnelle Segelschiffe; aber gerade aus diesem Grund sind sie nicht so gute *Seeboote* wie ihre ungeschickten Brüder, deren steiler oder abgerundeter Bug sich auf den Wellen erhebt, während die scharfen Schiffe sie durchschneiden und oft die Decks mit Gischt überschwemmen.

In unserer Gravur haben wir mehrere Kutter-getakelte Yachten, die bei leichtem *Seitenwind segeln* , mit Großsegel, Gaffel, Vorsegel und Fock.

Der Schoner.

Dies ist das eleganteste und für kleine Boote auch handlichste Schiff, das schwimmt. Seine Proportionen sind für das Auge angenehmer als die jeder anderen Art von Booten, und sein Rigg ist bei Yachtbesitzern beliebt – insbesondere bei denen, deren Yachten groß sind. Die Besonderheit des Schoners besteht darin, dass er zwei Masten trägt, die meist „ *nach hinten geneigt* “ oder weit zurückgelehnt sind; und sein Rigg ist hauptsächlich vorn und hinten, wie die Schaluppe. Von den beiden Masten ist der *hintere der Hauptmast* . Der andere wird *Fockmast genannt* . Die Segel eines Schoners sind: das *Großsegel* und die *Gaffel* am Großmast; das *Focksegel* , *das Focktopsegel* und *das Focksegel* (die beiden letzten sind Rahsegel) am Fockmast. Vor dem Fockmast befinden sich das *Stagsegel* , der *Fock* und der *Fock* . diese letzten sind dreieckige Segel. Wenn ein Schoner in der Mitte kreuzweise in zwei Teile geteilt würde, wäre der vordere Teil in jeder Hinsicht eine Schaluppe mit einem quadratischen Obersegel; Der Heckteil wäre ebenfalls eine Schaluppe, ohne Bugspriet und die dreieckigen Segel *vor* dem Mast. Schoner tragen manchmal ein großes Rahsegel, das ausgebreitet wird, wenn der Wind „stark achtern" weht. Sie werden häufig im Küstengewerbe verwendet; und einer ihrer großen Vorteile besteht darin, dass sie mit weniger „Händen" bedient werden können als Schaluppen gleicher Größe.

Die Brigade.

Wenn wir Schritt für Schritt in unserer Untersuchung der besonderen Takelage und des Baus von Schiffen voranschreiten, kommen wir zur *Brigg*. Diese Art von Fahrzeugen ist normalerweise, aber nicht unbedingt, größer als die beschriebenen; Es wird im Allgemeinen in größerem Maßstab als der Schoner gebaut und kommt in seiner Größe oft einem Dreimastschiff in voller Größe nahe.

Das Besondere an der Brigg ist, dass sie über *zwei* Masten verfügt, die beide *mit Rah ausgestattet sind*. Es handelt sich um eine besonders nützliche Art von Wasserfahrzeugen, und wenn es groß ist, wird es häufig im Außenhandel eingesetzt.

Der Vorteil des Rahsegels gegenüber dem Vor- und Achtersegel besteht darin, dass die Segel, da sie kleiner und zahlreicher sind, einfacher zu

handhaben sind und weniger Männer oder „Hände" erfordern, um sie zu bedienen. Je größer unser Schiff wird, desto notwendiger wird es, dass es über eine Rahtakel verfügt. Das riesige Großsegel der Schaluppe und des Schoners konnte nicht auf große Schiffe angewendet werden; Als die Menschen kamen, um Schiffe mit einer Last von mehreren hundert Tonnen zu bauen, waren sie gezwungen, die *Anzahl* der Masten und Segel zu erhöhen und deren Größe zu verringern. Daher wurden Briggs wahrscheinlich *nach dem* Vorbild von Schonern konstruiert. Der Hauptmast einer Brigg ist der Achtermast.

Die Segel sind nach den Masten benannt, an denen sie befestigt sind, nämlich dem *Großsegel* ; darüber das *Großmarssegel* ; darüber das *Großbrapssegel* ; und manchmal wird über allem ein sehr kleines Segel, genannt *Royal*, ausgebreitet. Hinter dem Großsegel befindet sich ein kleines Vor- und Achtersegel ähnlich dem Großsegel eines Schoners, das Baumgroßsegel genannt *wird* . Auf dem Fockmast befindet sich ein ähnliches Segel, das *Try-Segel genannt wird* . An den jeweiligen Rahen von Rahschiffen sind kleinere Stangen oder Arme befestigt, die nach Belieben herausgeschoben und die Rahe verlängert werden können, um auf jeder Seite einen zusätzlichen kleinen Matrosenflügel zu erhalten. Diese Flügel werden *Besatzsegel* oder *Betäubungssegel* genannt und werden nur bei gutem und leichtem Wind verwendet. Sie sind nach den Segeln benannt, an denen sie befestigt sind; so gibt es die *main-stun-sails* , die *main-top-stun-sails* und die *main-top-gallant-stun-sails* usw. Der Fockmast einer Brigg ist kleiner als der Großmast. Es trägt ein *Focksegel*, *ein Focksegel*, *ein Focksegel* und *ein Focksegel* . Zwischen ihm und dem Bugspriet befinden sich das *Vorstagsegel* , *der Fock* und *der Fock* . Die drei letzten Segel sind bei *allen* Schiffen nahezu gleich. Alle Rahen usw. werden durch eine komplizierte Tauwerkanordnung, die im Großen und Ganzen als laufende Takelage bezeichnet wird, angehoben und verschoben und in ihrer Position gehalten, im Gegensatz zur stehenden Takelage, die, wie wir gesagt haben, ist *feststehend* und hält die Masten usw. unverrückbar in Position. Doch jedes Seil, das für den Landmann wie eine verwirrende Ansammlung von Verwirrung erscheint, hat seinen unverwechselbaren Namen und seinen spezifischen Zweck.

Briggs und Schoner sind leichte und handliche Boote und werden im Allgemeinen von Piraten und Schmugglern zur Verfolgung ihrer gesetzlosen Bestrebungen eingesetzt, und an Bord solcher Boote haben diese Schurken schon so manche blutige und schreckliche Tat begangen.

Die Brigantine.

Das Rigg dieses Schiffes ist eine Mischung aus dem der Schaluppe und dem der Brigg. Die Brigantine hat am Vormast eine Rahtakel und am Achter- oder Besanmast eine Schaluppe . Von den beiden Masten ist der vordere der größere und daher der Hauptmast. Kurz gesagt, eine Brigantine ist ein gemischtes Schiff, das vorne aus einer Brigg und hinten aus einer Schaluppe besteht.

Das sind unsere Küstenschiffe; Es muss jedoch berücksichtigt werden, dass
Schiffe dieser *Klasse* nicht auf die Küste beschränkt sind. Wenn sie sehr groß
gebaut werden, sind sie für den Hochseehandel gedacht , und viele Schoner
kommen in ihrer Größe an voll ausgerüstete „Schiffe" heran.

Kapitel Elf.

Große Gefäße.

Wir sprechen jetzt von großen Schiffen, die eine imposante Segeltuchwolke in den Wind ausbreiten und zu Reisen aufbrechen, die manchmal eine Weltumrundung mit sich bringen.

Die Barke .

Dieses Schiff ist nächstgrößer als die Brigg. Daraus folgt jedoch nicht, dass es sich aufgrund seiner Größe um eine Bark handelt . Einige Briggs sind größer als Barken , aber *im Allgemeinen ist* die Bark das größere Schiff. Der Unterschied zwischen einer Bark und einer Brigg besteht darin, dass erstere *drei* Masten hat, wobei die beiden vorderen eine Rahtakel haben und der Besan vorne und hinten getakelt ist. Der Mittelmast ist der Hauptmast. Die Takelage der beiden Vordermasten einer Bark ähnelt fast genau der Takelage einer Brigg, die des Besan ähnelt der einer Schaluppe. Wenn man einen vorne und hinten getakelten *Besanmast* in den hinteren Teil einer Brigg einbauen würde, würde man sie in eine Bark verwandeln .

Der Begriff *Clipper* bezeichnet lediglich die besondere Schärfe des Aufbaus und die Trimmung des Rigs, die die größtmögliche Geschwindigkeit gewährleistet , und legt keine bestimmte Klasse fest. Es gibt Klipper-Schaluppen, Klipper-Yachten, Klipper-Schiffe usw. Bei einer Klipperbark handelt es sich also lediglich um eine Schnellsegelbark .

Die besonderen Merkmale des Klipperbaus sind die messerartige Schärfe des Schnittwassers und des Bugs sowie die außerordentliche Korrektheit des Schnitts der Segel, damit diese so eng und flach wie möglich gezogen werden *können* . Eine zu große Ausbuchtung eines Segels ist ein Nachteil beim Segeln. Tatsächlich ist Ebenheit ein so wichtiges Erfordernis, dass Experimentatoren mehr als einmal Segel aus *dünnen Holzbrettern* für ihre Klipper verwendet haben; aber wir wissen nicht, ob dies eine große Verbesserung war. Die Masten aller Klipper, mit Ausnahme derjenigen der Schaluppe oder des Kutters, sind im Allgemeinen stark nach hinten geneigt – das heißt, sie neigen sich nach hinten; eine Position, die tendenziell die Geschwindigkeit erhöhen soll. Handelsschiffe haben selten die Klipper-Bauweise, da die Schärfe dieser eigentümlichen Formation den verfügbaren Raum für Ladung stark einschränkt.

Das Schiff.

Die größte Schiffsklasse, die auf dem Meer schwimmt, sind die *Vollschiffe* , deren charakteristische Besonderheit darin besteht, dass ihre drei Masten *alle* mit Rahtakel versehen sind und über ein oder zwei Vor- und Achtersegel verfügen.

Bark , die bereits beschrieben wurden , genau ähneln , begnügen wir uns mit der Bemerkung, dass der *Besanmast* in fast jeder Hinsicht den beiden anderen ähnlich ist, mit Ausnahme dessen es ist kleiner. Die darauf befindlichen Segel sind: das *Spanker* (ein Längssegel, das über das Achterdeck hinausragt), das *Besan-Top-Segel* und *das Besan-Top-Galant-Segel* , beides quadratische Segel. Über all diesen setzt ein „Schiff" manchmal kleine Rahsegel auf, die *Royals genannt werden* ; und darüber *Himmelssegel* .

Kapitel zwölf.

Holz- und Eisenwände.

Man kann sagen, dass die Geburtsstunde der britischen Marine in der Regierungszeit von König Alfred liegt. Dieser große und gute König, dessen Weisheit und Weitsicht nur durch seine Tapferkeit übertroffen wurden , verfügte über eine Flotte von über hundert Schiffen. Mit diesen bekämpfte er die Dänen bis zum Tod, nicht immer erfolgreich, nicht immer konnte er sich behaupten; denn die Dänen waren in dieser frühen Periode ihrer Geschichte eine zähe Rasse von Seekriegern, nicht weniger geschickt als mutig. Aber König Alfred mit seinen Kriegsschiffen mit Schnabel und Rudern gebührt zweifellos das Verdienst, den Grundstein für Englands maritime Vormachtstellung gelegt zu haben.

England schien unter den Normannen nicht den großen Wunsch gehabt zu haben, in maritimen Unternehmungen hervorzustechen, doch während der Plantagenet-Zeit war es anders. Heinrich der Zweite verfügte über eine äußerst beeindruckende Flotte, die etwa fünfhundert Kriegsschiffe umfasste. Während der Herrschaft seines Nachfolgers griffen die Engländer auf einen neuartigen Kunstgriff in der Seekriegsführung zurück, der Beachtung verdient. Der englische Admiral ließ mehrere Fässer mit ungelöschtem Kalk in seine Schiffe einbauen. Nachdem er seine Flotte in Luv des Feindes – der Franzosen – gebracht hatte, befahl er, Wasser auf den Kalk zu gießen. Dadurch entstand natürlich ein großer und dichter Rauch, der den Franzosen vom Wind ins Gesicht geblasen wurde und diese daran hinderte, zu erkennen, von welcher Seite sie angegriffen wurden. Eine Panik entstand und breitete sich unter den französischen Schiffen aus, und der Sieg fiel leicht an die Engländer.

Die Marine Eduards des Dritten zählte elfhundert Schiffe, als er die Invasion in Frankreich unternahm. Aber die große Mehrheit davon waren keine echten Kriegsschiffe – tatsächlich gab es nur fünf voll ausgerüstete Kriegsschiffe; der Rest waren vorerst größtenteils Handelsschiffe, die zu Kampfschiffen und Transportschiffen umgebaut wurden. Die Marine König Philipps von Frankreich war zwar zahlenmäßig schwächer, übertraf aber hinsichtlich der Ausrüstung die des englischen Königs bei weitem. Von den vierhundert Schiffen, aus denen es bestand, waren nicht weniger als einhundert nach den besten damals bekannten Prinzipien der Marinearchitektur speziell für den Krieg gebaut worden. Bögen, Katapulte, Speere und Waffen ähnlicher Art waren die Angriffsmaschinen auf beiden Seiten, und mit ihnen wurde aus nächster Nähe großes Chaos angerichtet. Die Engländer siegten trotz der wissenschaftlicheren Ausrüstung ihrer Feinde. Die französischen Schiffe wurden geentert, und die Blüte der Seestreitmacht König Philipps muss an diesem Tag untergegangen sein.

Heinrich der Siebte tat viel für die Verbesserung der englischen Marine. Während seiner Herrschaft wurde die *Great Harry* gebaut, das tatsächlich das erste große Schiff war, das direkt für die Royal Navy gebaut wurde. Bisher wurden die von England zur Landesverteidigung oder zum Angriff eingesetzten Schiffe von bestimmten Seestädten versorgt; aber der *Große Harry* war Eigentum des Volkes. Sie wurde 1488 gebaut und verfügte als erstes Schiff dieser Art über Bullaugen für Kanonen im Unterdeck. Die *Great Harry* wurde später von einem anderen Schiff König Heinrichs, der *Grace de Dieu* , bei weitem übertroffen, die nicht weniger als tausend Tonnen wiegte und siebenhundert Mann und einhundertzweiundzwanzig Kanonen an Bord hatte (einige Autoren erwähnen nur achtzig Kanonen).), von denen die größten nur Achtzehnpfünder waren. Die *Grace de Dieu* war ein Viermastschiff und wurde 1515 gebaut.

Eine Epoche in der Seefahrtsgeschichte Englands, die in mancher Hinsicht die brillanteste und bedeutungsvollste war, soll nun erwähnt werden; eine Zeit, in der Englands Name auf den Meeren zum Synonym für alles wurde, was im maritimen Unternehmertum am unerschrockensten und erfolgreichsten war; eine Ära mutiger Abenteuer und großartiger Erfolge, die England schließlich zur ersten Seemacht unter den Nationen Europas machte.

Diese Vorherrschaft konnte jedoch nicht ohne langen und erbitterten Kampf errungen werden. Die Franzosen, Spanier und Niederländer bestritten abwechselnd Englands Anspruch auf die Souveränität der Meere. Es ist unnötig, hier die oft erzählte Geschichte der Niederlage der spanischen Armada zu wiederholen, und auch nicht die fast ebenso bekannte Geschichte unserer häufigen Seebegegnungen mit den Niederländern in den Tagen von Admiral Blake und dem großen niederländischen Admiral Van Tromp . Diese Konflikte waren langwierig und verzweifelt, und nichts als unbezwingbarer Mut und hartnäckige Beharrlichkeit hätten den englischen Schiffen den Sieg sichern können, denn in fast jedem Fall waren unsere Feinde zahlenmäßig die stärkeren.

In den dreimal berühmten Tagen von Nelson waren es immer noch unsere „Holzmauern", die die Flagge Englands von Triumph zu Triumph trugen. In der Schlacht von Trafalgar wurden die *Victory* und das französische Schiff *Redoubtable* dicht nebeneinander gebracht und feuerten in dieser Position eine Salve nach der anderen auf die Bollwerke des anderen, bis Wasser über die Seiten der Schiffe geworfen werden musste, um sie vor einer Entzündung zu schützen . Die *Victory* war zu ihrer Zeit ein großartiges Schiff, doch ihr

Gewicht betrug nicht mehr als zweitausend Tonnen, und ihre Kanonen waren nur einhundertzwei an der Zahl.

Aber schließlich kam der Tag, an dem deutlich wurde, dass die Herrlichkeit unserer „Holzmauern" untergegangen war. Auf dem Höhepunkt seiner intellektuellen und körperlichen Stärke war Kaiser Ludwig Napoleon ein Mann mit aktivem und raffiniertem Verstand, und seiner genialen Erfindung war es zu verdanken, dass das erste eiserne Kriegsschiff geboren wurde. Mit Eisenplatten geschützte Schwimmbatterien wurden erstmals während des Krimkrieges eingesetzt. Es wurde deutlich, dass die großen Fortschritte, die bei der Herstellung von Kanonen gemacht wurden, ein verbessertes System der Verteidigungspanzerung für Kriegsschiffe erfordern mussten . Kein Holzschiff, das gebaut werden konnte, konnte den neuen Kanonen standhalten, die jetzt rasch zum Einsatz kamen.

Die Franzosen waren, wie gerade angedeutet wurde, die ersten auf dem Feld, die den neuen Stil von Kriegsschiffen einführten. *La Gloire* wurde gebaut und schnell folgte unser eigener *Warrior* . Der Rahmen von *La Gloire* bestand aus Holz, war jedoch mit einer viereinhalb Zoll dicken Eisenplatte überzogen. Die *Warrior* wurde auf einem Eisenrahmen gebaut und ihre Panzerung ist von der gleichen Dicke wie die von *La Gloire* ; Die Auskleidung besteht aus massivem Teakholz mit einer Dicke von 18 Zoll, das wiederum mit einer Innenbeschichtung aus Eisen versehen ist. Die Länge des *Kriegers* beträgt dreihundertachtzig Fuß, aber nur etwa zwei Drittel davon sind eisenbeschlagen.

Zu dieser Zeit – den Anfängen der Panzerschiffe – war der schwerste Schuss, den ein Geschütz abfeuern konnte, ein 68-Pfünder. Gegen Waffen dieses Kalibers waren die *Kriegerin* und ihre Klasse gewappnet. Doch die Größe und Stärke der Geschütze nahm rasch zu, und die Dicke der Panzerung , mit der die Schiffe geschützt waren, musste entsprechend erhöht werden. Die Klasse der Kriegsschiffe, die auf die *Warrior folgte* , war vollständig mit Eisenplatten verkleidet, deren Dicke von Zeit zu Zeit erhöht wurde. Seitdem das erste Panzerschiff gebaut wurde, gibt es einen Wettbewerb – denn nur einen solchen kann man nennen – zwischen dem Kanonenbauer und dem Schiffbauer, der danach strebt, ein Geschütz zu konstruieren, das die dickste Panzerung durchdringen kann, die es gibt das Schiff tragen kann, der andere baut seine Panzerplatten Zoll für Zoll auf, damit sie schusssicher sind; und man kann sagen, dass dieser Wettbewerb zu dieser Stunde stattfindet.

Wird es jemals die gleiche Romantik über die Kriegsschiffe der Gegenwart geben – wie die der Zukunft aussehen werden, über die wir nicht spekulieren wollen – und über die alten „Holzmauern", deren Tapferkeit auf hoher See den maritimen Ruhm Englands begründete? Wird jemals ein Dibdin aufstehen, um ein *Devastation* oder ein *Glatton* zu singen ? Können eine

Devastation oder ein *Glatton* jemals poetische Gedanken und Bilder inspirieren? Man würde sagen, dass der Sänger in keinem gewöhnlichen Maße mit dem heiligen Feuer ausgestattet sein muss, das ein Thema wie ein modernes eisernes Turmschiff zum lyrischen Ausdruck bringen sollte. Es wurde gesagt, dass die ganze Romantik der Straße mit den alten Kutschentagen ausgestorben sei; und sicherlich stellt eine Lokomotive mit ihrem langen schwarzen Zug aus praktisch aussehenden Waggons kaum ein so malerisches Element in der Landschaft dar wie eine der alten Postkutschen mit ihrem rot gekleideten Fahrer, der hupenden Wache und dem Gespann tapferer Leute Grautöne; aber ein Eisenbahnzug ist im Vergleich zu einem Turmschiff eine Verkörperung der Poesie. Aber wenn es wahr ist, dass Poesie und Romantik mehr und mehr nicht mehr mit unserer Marine in Verbindung gebracht werden müssen, müssen wir die Tatsache einfach akzeptieren, denn nichts ist sicherer als die Tatsache, dass wir nie wieder zurückkehren können, was auch immer die Kriegsschiffe der Zukunft sein *mögen* bis in die Zeit der alten Holzschiffe.

Beim Bau von Panzerschiffen müssen nun mehrere gegensätzliche Schwierigkeiten bewältigt werden. Unverwundbarkeit gegenüber den feindlichen Geschützen, Schutz der Männer an Bord, Geschwindigkeit und die Fähigkeit, auf See leicht beherrschbar zu sein – all diese Punkte müssen sorgfältig abgewogen werden; und die Schwierigkeit besteht darin, dass eine Qualität gegen eine andere kämpft. Man könnte ein Schiff bauen, das allen erdenklichen Kanonen standhält, und sich dann auf See als völlig unkontrollierbar und unsicher erweisen. Daher muss ein Gleichgewicht der Qualitäten gefunden werden, und dieses perfekte Gleichgewicht ist noch keineswegs erreicht. Jedes Jahr – wir könnten sagen jeden Monat – erlebt die Geburt eines neuen Typs gepanzerter Kriegsschiffe, deren Bau in jedem Fall enorme Kosten verursachte. Das neue Seeungeheuer sieht allen Gewissens nach furchteinflößend aus; Aber sobald sie das Dock verlässt, stellt sich die Frage: Ist sie seetüchtig? Und angesichts des Schicksals des *Kapitäns* und der *Vorhut* in unserer Erinnerung kann sich durchaus die Frage stellen. Die Geschichte moderner Kriegsschiffe war bisher von Erfolg und Misserfolg geprägt. Verdankt das Epigramm über unsere Kriegsschiffe – unsere „U-Boot-Flotte" – seinen Sinn und Schmerz nicht in gewisser Weise seiner Wahrheit?

Von den verschiedenen Typen moderner Kriegsschiffe sind die *Dampfböcke* und *Turmschiffe zweifellos die beeindruckendsten, die je entwickelt wurden* . Der Dampfbock ist mit einem starken Stahlschnabel bewaffnet, mit dem er einen Feind angreift, ähnlich wie die Kriegsgaleeren der Antike einen Feind angreifen oder wie ein Schwertfisch seinen Gegner angreift. Das Turmschiff trägt einen oder mehrere schusssichere Rundtürme, in denen ein oder mehrere Geschütze von der Besatzung bedient werden, wobei die Geschütze in jede Richtung gedreht und ausgerichtet werden können. Sowohl Turmschiffe als auch Dampfböcke sind natürlich mit Eisen beschichtet.

Schiffe dieser Art wurden erstmals im großen Bürgerkrieg von den Amerikanern eingesetzt. Man kann sagen, dass die Karrieren von *Merrimac* und *Monitor* Teil der amerikanischen Nationalgeschichte geworden sind. Der *Merrimac* war der erste eisenbeschlagene Dampfbock. Sie war ursprünglich eine hölzerne Fregatte; wurde niedergehauen, mit Eisen überzogen und mit einem Widder ausgestattet. Bei ihrer berühmten Begegnung mit der *Congress* und der *Cumberland* , zwei hölzernen Fregatten der Federals, dampfte sie neben ersteren her, feuerte heftig ab und griff dann, nachdem sie sich auf die *Cumberland konzentriert hatte* , dieses Schiff mit ihrem Widder an. Mit dem *Cumberland* machte sie schnelle Arbeit; Weil sie sich einen klaffenden Riss in die Seite gerissen hatte, schüttete sie ein schädliches Feuer in den Spalt und hielt sich dabei an dem scharfen Eisenschnabel fest, mit dem Dampfböcke ausgestattet sind.

Dann zog sie sich auf kurze Distanz zurück, griff ihren Gegner erneut an und feuerte ein zweites schreckliches Feuer ab, bis die *Cumberland* schließlich sank. Anschließend richtete die Merrimac ihre Aufmerksamkeit auf den *Kongress* , dessen Schicksal sie in etwa einer halben Stunde besiegelte. Der erste Schuss verursachte furchtbare Zerstörungen, tötete jeden Mann an einer der Kanonen, sprengte die Schotten weg, überzog das Deck mit einem Blutbad, das zu schrecklich war, um darüber nachzudenken, und setzte schließlich das Schiff in Brand. Der *Kongress* schlug endlich seine Fahnen , aber in der Nacht explodierte er.

Flagge vor dem *Monitor* einholen – im übertragenen Sinne, denn es ergab sich nicht wirklich, sondern zog sich nach einem mehrstündigen Kampf zurück. In diesem bemerkenswerten Kampf erlitt die *Merrimac* großen Schaden, ohne dass es ihr gelang, ihrem Feind auch nur annähernd den gleichen Schaden zuzufügen. Tatsächlich ging der *Monitor* unbeschadet aus der Aktion hervor .

Die Veränderungen, die beim Bau von Kriegsschiffen stattfinden, sind so vielfältig und so schnell, dass wir hier nicht mehr tun können, als einige der wichtigsten zur Kenntnis zu nehmen; und selbst das, was jetzt als Neuheiten erwähnt wird, mag vor dem Erscheinen dieser Seiten aufgehört haben, Neuheiten zu sein.

Heutzutage wird Eisen in fast allen Teilen eines Kriegsschiffes verwendet, wobei die Masten selbst in vielen Fällen aus Eisen bestehen – Hohlrohre, durch die die laufende Takelage herabgelassen werden kann, wenn die Gefahr besteht, dass sie durch feindliches Feuer beschädigt wird. Die meisten modernen Panzerschiffe sind in Kammern gebaut, mit dem Vorteil, dass das Schiff immer noch schwimmt, bis ein Teil des Schiffes beschädigt wird und das Wasser durch den Spalt eindringt, der durch Schüsse oder aus anderen Gründen entstanden ist kann wieder rausgelassen werden.

Das amerikanische Panzerschiff „*Monitor*" hat einer ganzen Schiffsklasse, die in den letzten Jahren für die englische Marine gebaut wurde, seinen Namen gegeben. Aber in vielerlei Hinsicht sind unsere Schiffe ihrem amerikanischen Prototyp überlegen. Alle diese Schiffe – die sich durch niedrige Freiborde und das Fehlen von Masten und Segeln auszeichnen – bekämpfen ihre Geschütze von Türmen aus. Sie werden manchmal als „Küstenverteidigungsschiffe" bezeichnet, da sie hauptsächlich für den Heimgebrauch gebaut wurden.

Von diesen „englischen Waranen" sind vier – der *Zyklop*, *die Gorgone*, *die Hekate* und *die Hydra* – auf identisch ähnlichen Prinzipien aufgebaut. Vom Aussehen her lassen sie sich am besten mit einem Floß mit einer darauf liegenden Batterie vergleichen, aus deren Festung oder Batterie sich verschiedene Schornsteine und ein Fahnenmast erheben. Das Deck liegt nur dreieinhalb Fuß über dem Meeresspiegel. Während die Schiffe im Hafen liegen, ist das Deck mit einer Markise und einem Geländer rundherum überdacht; aber sowohl die Markise als auch die Reling werden entfernt, wenn die Schiffe in See stechen.

Die Batterie oder Festung befindet sich in der Mitte des Schiffes und nimmt etwa ein Drittel seiner Länge und drei Viertel seiner Breite ein. Das umliegende Deck ist ebenerdig, seine Oberfläche wird nur durch die drei Oberlichter unterbrochen. Die Oberlichter lassen nur spärliches und schwaches Licht in die darunter liegenden Offiziers- und Matrosenquartiere eindringen. Aber selbst das fehlt im Kampf, wenn ein schusssicherer Schild an die Stelle der Glasfenster tritt.

Das Deck der Klasse von Kriegsschiffen, die wir beschreiben, besteht aus zwei Schichten einer jeweils einen halben Zoll dicken Eisenplatte, die auf Eisenträgern getragen wird, und aus zwei Schichten massiver Teakholzverkleidung mit einer Dicke von jeweils vier Zoll. Die Seiten der Schiffe sind mittschiffs durch eine 20 Zoll dicke Eisenpanzerung geschützt, die einen Zoll mehr Eisen enthält als die Panzerung der meisten unserer seetüchtigen Panzerschiffe mit Masten, von denen viele doppelt oder dreimal so groß sind wie die *Cyclops* und ihre Schwesterschiffe. Man erkennt also, dass diese Turmschiffe in ihrer Verteidigungsausrüstung praktisch stärker sind als jede andere Klasse von Panzerkreuzern.

Die Batterie dieser Schiffe ist von einer sechs Fuß hohen Brustwehr umgeben, die mit einer neun Zoll dicken Panzerung versehen ist. Der Zugang zu den Türmen selbst erfolgt von der Innenseite dieser Brustwehr aus. In der Mitte des Turms befinden sich zwei Zylinder, von denen einer so über den anderen passt, dass das Ganze auch bei rauem Wetter stabil bleibt. Kleine Dampfmaschinen im Inneren der Brustwehr dienen zum Antrieb der Türme, die jedoch bei Bedarf auch manuell betätigt werden können.

Die Häfen stellen aufgrund ihrer stark verringerten Größe einen auffälligen Kontrast zu denen der alten Holzschiffe dar. Sie lassen lediglich zu, dass die Mündung der Waffe durchschaut, und nicht mehr, da sie eine ovale Form hat und in Längsrichtung einen Durchmesser von etwa einem Meter hat. Es besteht kaum ein Zweifel daran, dass diese kleinen Häfen einen Vorteil darstellen, da sie den Kanonieren während des Einsatzes einen größeren Schutz bieten müssen. Wenn die Richtung der Geschütze geändert werden soll, erfolgt die Änderung nicht durch Bewegen derselben in den Öffnungen, sondern durch Drehen des Turmes selbst. Sollte es jemals im Einsatz passieren, dass die freie Bewegung des Turms aus irgendeinem Grund behindert wird, dann besteht die einzige Möglichkeit, die Richtung der Geschütze zu ändern, darin, das ganze Schiff zu drehen.

Die Türme sind mit zwei 25-Tonnen- Kanonen bewaffnet, die 400-Pfund-Geschosse tragen. Da das Deck, wie bereits erwähnt, bündig ist, können die Kanonen geradeaus und nach hinten abgefeuert werden und alle Seiten beherrschen. Es wird weniger als eine Minute benötigt, um den gesamten Turm zu drehen. Es wird angenommen, dass diese Schiffsklasse in der Lage ist, sowohl bei der Verfolgungsjagd als auch beim Rückzug ein konstantes Feuer aufrechtzuerhalten.

Hinter dem Schornstein dieser Schiffe befindet sich ein aufrechtes ovales Rohr, das sich etwa 17 Fuß über das Niveau des Hauptdecks erhebt und mit Eisen beschichtet ist. Die obere Platte ist mit mehreren kleinen horizontalen Schlitzen durchbrochen, weshalb die Röhre den Namen „Kontrollhaus" erhalten hat, denn durch diese Öffnungen kann der Kapitän „mithören" oder beobachten, was draußen vor sich geht, ohne dass er selbst dem ausgesetzt ist Gefahr. In dieser runden Kiste kann sich der Kapitän einfach umdrehen; und hier muss er in der Zeit der Aktion stehen und das gesamte Verhalten seines Schiffes durch mechanische Telegraphen lenken und regeln.

Von den vielen merkwürdigen und bemerkenswerten Merkmalen dieser Schiffe ist der umfangreiche Einsatz von Maschinen für jeden Zweck eines der bemerkenswertesten. Motoren drehen die Türme, heben die Asche aus den Maschinenräumen, drehen die Winden, betätigen die Ruder – Motoren machen alles.

Drei Monitore ähnlich den gerade beschriebenen wurden zur Verteidigung mehrerer unserer Kolonien gebaut. Wir glauben, dass die Kolonie Victoria ihr Panzerschiff, den *Cerberus* , von der Heimatregierung gekauft hat; jedenfalls unterhalten die Leute sie auf eigene Kosten. Bevor die *Cerberus* die

Reise nach Melbourne antreten konnte, mussten ihre Seiten fast über die gesamte Länge mit dünnen Eisenplatten versehen werden. Auf die gleiche Weise könnten die *Cyclops* und ihre Begleitschiffe für jedes Meer und jedes Wetter gerüstet sein.

Dem Leser mag die Frage einfallen: Warum gibt es nicht sofort seetüchtige Mastschiffe? Darauf kann erstens geantwortet werden, dass die Mastschiffe zwangsläufig mehr Wasser ziehen müssen als diejenigen, für die die *Zyklopen* und *Hekate* Vorbilder sind. Turmschiffe wie die *Monarch* oder Breitseitenschiffe wie die *Hercules* und die *Sultan* haben eine Wassertiefe von etwa 25 Fuß; die kleineren Schiffe nur sechzehn, während sie gleichzeitig stärker gepanzert sind . So könnten letztere, wenn sie von feindlichen Seepanzerschiffen bedrängt werden – der einzigen Klasse, vor der sie viel zu fürchten haben –, flussaufwärts Schutz suchen, der außerhalb ihrer Reichweite liegt. Darüber hinaus ließen sich diese Monitore im landnahen Einsatz einfacher handhaben.

Küstenverteidigungsschiffe aufgrund ihrer viel geringeren Größe zu viel geringeren Kosten gebaut – ein wichtiger Gesichtspunkt in Zeiten, in denen ein erstklassiges Panzerschiff etwa so viel kostet wie eine kleine Flotte vergangener Tage. Die von uns beschriebenen Schiffe haben eine Last von etwas mehr als zweitausend Tonnen, verglichen mit den fünftausend Tonnen der größeren Seeschiffe; und grob gesagt ist der Bauaufwand proportional zur Tonnage.

Das *Glatton* -Turmschiff weist mehrere Merkmale auf, durch die es sich von der oben genannten Monitorklasse unterscheidet. Es hat nur einen einzigen Turm, und seine Geschütze haben eine Schussweite von 600 Pfund und eine Reichweite von dreieinhalb Meilen. Ihr Wassertiefgang ist etwa sechs Fuß größer als der des *Zyklopen* und *der Hekate* , und ihre Panzerplatten sind drei Zoll dicker. Obwohl sie weniger Waffen trägt, ist die *Glatton* ein viel stärkeres Schiff als die anderen Monitore. (Hinweis: Die obige Beschreibung der englischen Monitore wurde aus einem Artikel im Chambers's Journal übernommen und gekürzt.)

Devastation beschreiben , eines der größten und mächtigsten aller unserer Panzerschiffe. Die *Verwüstung* in ihrem Nachteil erhebt sich nur viereinhalb Fuß über das Wasser; aber um schlechtem Wetter standzuhalten, ist es mit einem gepanzerten, halb angehobenen Vorschiff ausgestattet, so dass es vorne neun Fuß über dem Wasser liegt. Der Freibord ist mittschiffs noch höher und liegt an dieser Stelle auf Höhe der Plattform, auf der die beiden Türme stehen. In der Mitte des Schiffes erhebt sich ein kreisförmiger Eisenaufbau, auf dessen Spitze sich das Hurrikandeck befindet. Durch diese Struktur verläuft ein Durchgang, in dem sich die Eingänge zu den Luken und zum darüber liegenden Hurrikandeck befinden.

Vom Hurrikandeck erheben sich die beiden Schornsteine des Schiffes; und hier befinden sich auch die Kampfbüchse des Kapitäns, die bereits bei der Beschreibung der Küstenverteidigungsschiffe erwähnt wurde , der feuerfeste Schild zum Schutz der Ruderanlage und der Boote. Bei einem Sturm ist das Hurrikandeck der einzige sichere Ort auf Schiffen dieser Art – der einzige Ort, an dem man nicht schnell über Bord gespült werden kann. Was den unteren Teil des Schiffes betrifft, so ist es dort fast unmöglich zu atmen, selbst wenn Luft von oben eingepumpt wurde, was die einzige Möglichkeit zur Belüftung dieses Teils des Schiffes darstellt.

Die *Devastation* trägt in jedem ihrer Geschütztürme zwei nebeneinander angeordnete Geschütze mit einem Gewicht von jeweils 35 Tonnen. Sobald die Geschütze abgefeuert wurden, können die Türme schnell herumgedreht werden, wodurch die exponierten Teile vom Feind weggedreht werden.

Schiffe wie die *Devastation* , die *Thunderer* und die *Fury* scheinen auf den ersten Blick nicht besonders gut für raues Wetter geeignet zu sein, um es gelinde auszudrücken. Nichtsdestotrotz wurde die *Devastation auf diese Weise ziemlich gut getestet, da sie ziemlich rauem Wetter ausgesetzt war, und es wird bestätigt, dass sie sich zufriedenstellend verhielt.* Die große Gefahr bei allen Schiffen dieser Klasse besteht darin, dass sie nicht ins Meer aufsteigen, sondern dass die über ihnen brechenden Wellen sie niederdrücken und zum Scheitern bringen könnten. Es ist bekannt, dass das Vorschiff der *Thunderer* , das etwas niedriger als das der *Devastation liegt* , vollständig untergetaucht war, und dies auch dann, wenn kein hoher Seegang herrschte. Diese Schiffe sind nicht nur für den Heimatdienst und die Küstenverteidigung konzipiert , sondern für den allgemeinen Einsatz in der Mitte des Ozeans.

Der Versuch, auch nur ein einziges Exemplar jedes Typs moderner Kriegsschiffe zu beschreiben, würde den Leser mit Sicherheit ermüden, denn für jeden außer einem Experten würde beim Lesen einer solchen Erzählung zwangsläufig das Gefühl der Wiederholung aufkommen. Aber um unseren Lesern zumindest eine annähernde Vorstellung vom gegenwärtigen Zustand unserer Marine zu vermitteln, werden wir kurz ein anderes Panzerschiff erster Klasse untersuchen, die Inflexible, die als führendes Beispiel für Panzerschiffe angesehen *werden* kann Schiffe und galt zum Zeitpunkt des Verfassens dieses Artikels als eine der höchsten Errungenschaften der modernen Schiffsarchitektur.

Die „*Inflexible*" hat eine enorme Größe von 11.400 Tonnen Last, ihre Stärke beträgt 8.000 PS. Die Länge beträgt 320 Fuß, ihre Panzerung ist 16 bis 24 Zoll dick, mit einer Innenauskleidung aus Holz von 17 bis 25 Zoll Dicke. Sie ist in 135 Abteilungen unterteilt und ihre Motoren sind so weit voneinander entfernt, dass der andere noch funktionstüchtig wäre, wenn einer aus irgendeinem Grund außer Betrieb wäre.

Das Hauptmerkmal des *Inflexible* ist die Position der Geschütztürme. Die meisten Schiffe dieser Art haben ihre Türme in der Mittellinie, was zur Folge hat, dass nur die Hälfte ihrer Geschütze auf einen Feind gerichtet werden kann, egal ob vor oder hinter ihnen. Die *Inflexible* hat ihre Türme auf jeder Seite – den Vorturm auf der Backbordseite, den Hinterturm auf der Steuerbordseite. Sie kann somit alle ihre Waffen *gleichzeitig gegen einen Feind einsetzen*, sei es vorne oder hinten.

Man sieht, dass die Dicke der Panzerung, mit der der *Inflexible* geschützt ist, enorm ist; und doch wurde diese Dicke von Eisen durchbrochen. Die Frage, die sich sofort stellt, ist: *Kann* ein Schiff so gebaut werden, dass es eine viel schwerere Panzerung als diese trägt? Ein aktueller Autor in der *Times* erklärt, dass dies nicht der Fall sei. „Was die Erfordernisse der Marine betrifft", sagt er, „scheint die Gewichtsgrenze bereits erreicht zu sein, und zwar aus dem einfachen Grund, dass der Auftrieb unserer Panzerschiffe nicht mit Sicherheit durch die Last schwererer Panzerung weiter verringert werden kann. " und Rüstung."

Die folgende sehr anschauliche Beschreibung des Inneren eines Turmschiffs wurde von einem Augenzeugen der beschriebenen Szene verfasst. Es ist ein Auszug aus einer Erzählung, die dem Autor von „Das Meer: seine bewegende Geschichte von Abenteuer und Gefahr" zur Verfügung gestellt wurde und aus der wir es übernommen haben. Das beschriebene Schiff war die *Miantonoma*, ein amerikanisches eisernes Turmschiff.

„Sie steigen wieder durch eine Falltür auf und finden sich in einem runden Raum mit einem Durchmesser von etwa zwölf Fuß wieder, der von oben bis unten gepolstert ist wie der Innenraum einer Kutsche. An Ihrer Seite liegt eine riesige Eisenmasse. Sie befinden sich im Turm. Eine schimmernde Lampe wirft ihr schwaches Licht auf die sich bewegenden Formen um dich herum, und von unten ertönt das schwache Flüstern der Männer, bis die Falle geschlossen ist und du dich wieder in völliger Stille befindest.

"' *Vorbereiten* !' Der Kamerad des Schützen stellt sich auf Ihre Zehenspitzen und fordert Sie auf, sich nach vorne zu beugen und die Zunge aus dem Mund zu stecken. Sie hören das Knarren von Maschinen. Es ist ein Moment höchster Spannung. Allmählich ein Lichtschimmer – ein Zentimeter – eine Flut! Der Schild geht von der Öffnung aus; Die Waffe geht aus. Ein Blitz, ein Brüllen – ein wahnsinniges Taumeln der Sinne und purpurrote Wolken, die vor deinen Augen huschen – ein schrecklicher Schmerz in deinen Ohren, ein Gefühl der Beklemmung in deiner Brust und das Wissen, dass du nicht auf den Beinen bist – ein Flüstern von Stimmen vermischen sich mit dem Konzert in deinen Ohren – eine Dunkelheit vor deinen Augen – und du spürst, wie du prall gegen die Polsterung schlägst, wohin dich die Gewalt der Gehirnerschütterung geschleudert hat.

„Bevor Sie sich ausreichend erholt haben, um die Auswirkungen zu bemerken, die ich zu beschreiben versucht habe , ist der Schild wieder an seinem Platz und die Waffe zum Nachladen bereit. Sie sagen dir, dass der größte Teil des Lärms durch das Bullauge entwichen ist, sonst gäbe es keinen Halt, und der Kamerad unseres Schützen flüstert dir ins Ohr: „Es ist alles in Ordnung, aber sie brechen blutend aus dem Bullauge hervor . “ Brust und Ohren nach dem vierten Ausfluss und muss unten entnommen werden.' Du hast auch genug davon und bist froh, dass man dich nicht bittet, Zeuge eines weiteren Schusses zu sein.“

Es muss festgestellt werden, dass seit dem Bau des *Miantonoma* ein neues und verbessertes Prinzip des Turmfeuers eingeführt wurde. Zum Abfeuern der Geschütze wird jetzt Elektrizität eingesetzt, und es ist daher nicht erforderlich, dass sich jemand im Turm aufhält, was natürlich ein großer Vorteil ist.

Am Ende des Bürgerkriegs verfügte Amerika über eine gute Flotte von Monitoren, von denen heute kaum noch welche übrig sind. Im Moment schienen sie für Schüsse und Granaten so gut wie uneinnehmbar zu sein; aber sie wurden vertraglich aus unbehandeltem Holz gebaut und verfielen im Laufe von zehn oder zwölf Jahren auf natürliche Weise. Aber die „*Brooklyn* “ und die „ *Ohio* “, beides schöne Beispiele der Schiffsarchitektur, überleben noch immer, um, soweit zwei Schiffe es können, Amerikas maritimes Prestige aufrechtzuerhalten.

Ein Kapitel über Panzerschiffe wäre unserer Meinung nach unvollständig, wenn nicht auf den Verlust des *Kapitäns hingewiesen* würde, dessen schreckliches Schicksal im Jahr 1870 dazu geführt hat, dass diesem Schiff ein trauriges Interesse entgegengebracht wurde.

Der *Kapitän* war 320 Fuß lang und 53 Fuß breit. Ihre Panzerung reichte bis fünf Fuß unter die Wasserlinie. Gegenüber den Türmen war die Panzerung an anderen Stellen 20 Zoll und 7 Zoll dick. Das Schiff war mit zwei nebeneinander angebrachten Schrauben ausgestattet. Zur Steuerung standen die Schrauben zur Verfügung, so dass das Schiff ohne Ruder gesteuert werden konnte. Der *Kapitän* war vollständig ausgerüstet und konnte eine große Leinwandfläche transportieren.

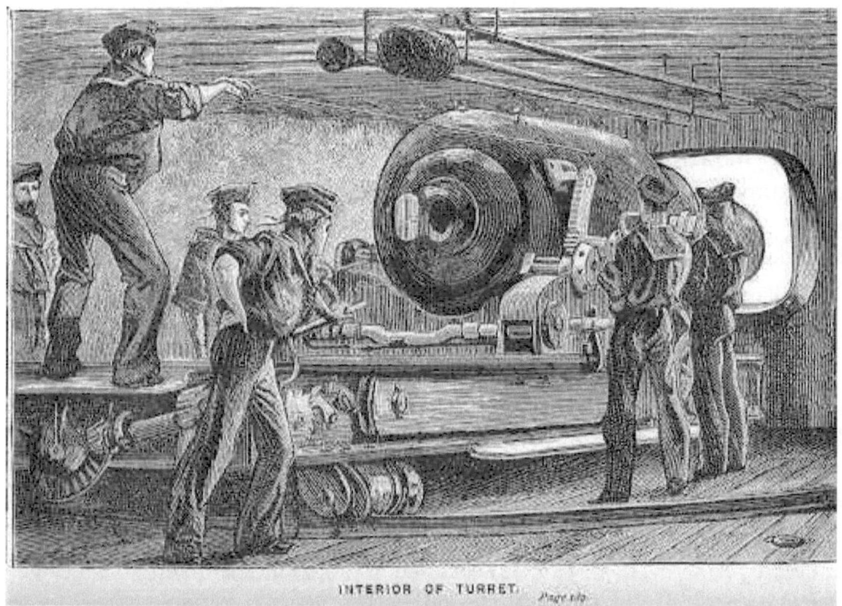

Das besondere Merkmal des Schiffes waren seine drehbaren Türme. Jeder Turm hatte außen einen Durchmesser von 27 Fuß und innen einen Durchmesser von 22 Fuß 6 Zoll. Die Wände der Türme waren daher 2 Fuß 3 Zoll dick; und die Hälfte dieser Dicke bestand aus Eisen. Die Türme wurden von separaten Motoren angetrieben, konnten aber bei Bedarf auch von Hand gedreht werden. In jedem Turm befanden sich zwei 25-Tonnen-Armstrong- Geschütze mit einer Schusskraft von 600 Pfund. Das Schiff wurde nach Entwürfen von Captain Coles gebaut – dem Architekten auch der *Monarch* .

Auf ihrer ersten Seereise zeigte die *Kapitänin* offenbar so hervorragende Seetüchtigkeitseigenschaften, dass ihr Architekt und die Bauunternehmer, die Herren Laird, hinsichtlich ihrer Sicherheit mitten auf dem Ozean recht zufrieden waren. Im Herbst 1870 begleitete sie die Flotte auf einer Kreuzfahrt; und am 6. September, kurz nach Mitternacht, brach es vor Kap Finisterre zusammen. Mit Ausnahme von neunzehn Mann kam die gesamte Besatzung ums Leben, und unter denen, die ums Leben kamen, waren Kapitän Coles selbst, Kapitän Burgoyne, der Kommandant des Schiffes, und ein Sohn des damaligen Ersten Lords der Admiralität – Mr. Childers . Es ist unnötig, den erwachsenen Lesern unter meinen Lesern das tiefe Gefühl des Mitleids und der Trübsal in Erinnerung zu rufen, das diese schreckliche Katastrophe in ganz Großbritannien verbreitet hat.

Die Nacht, in der der *Kapitän* unterging, war zweifellos eine etwas raue Nacht mit Sturmböen und schwerem Seegang; Aber es war nicht nur die Kraft des Sturms, die das Schiff überwältigte.

Herr James May, ein überlebender Schütze des unglückseligen Schiffes, gab einen hinreichend klaren Bericht über den Untergang des Schiffes. Kurz nach Mitternacht wurde er durch ein Geräusch und das Gefühl, dass das Schiff unruhig sei, aus dem Schlaf geweckt. Er stand auf, nahm eine Lampe mit und ging zum Achterturm, um zu sehen, ob die Geschütze in Ordnung waren. Dort war alles sicher genug; Doch kaum hatte er seine Untersuchung beendet, als er spürte, wie das Schiff stetig auf der Kippe lag, eine schwere See das Wetterfenster traf, das Wasser in den Turm strömte und May sich plötzlich im Wasser befand.

Er schwamm zur Pinasse, die er von unten nach oben schweben sah, und dort gesellten sich bald Kapitän Burgoyne und mehrere andere Besatzungsmitglieder zu ihm. Dann sah er, wie das Schiff sich drehte und sank, mit dem Heck voran; Die ganze Katastrophe war in wenigen Minuten vorbei. Die Barkasse driftete ein paar Meter entfernt und May rief seinen Kameraden zu: „Springt, Männer! Es ist unsere letzte Chance." May und drei anderen gelang es, das Boot zu erreichen, in dem auch fünfzehn der übrigen Besatzungsmitglieder Zuflucht fanden. Es ist ungewiss, ob der arme Kapitän Burgoyne in der Pinasse blieb oder die Barkasse nicht erreichte.

Die neunzehn Überlebenden landeten nach einem harten Kampf von zwölf Stunden ohne Essen und Trinken am Kap Finisterre, wo sie von der Bevölkerung gastfreundlich empfangen und betreut wurden. Zu gegebener Zeit wurde ein Kriegsgericht abgehalten, um die Ursache der Katastrophe zu untersuchen. Auf die Einzelheiten der Beweislage kann hier nicht näher eingegangen werden, es wurde jedoch hinreichend bewiesen, dass es beim *Kapitän schwerwiegende Fehler gab* Konstruktionsfehler, die, wie es leider allzu oft der Fall ist, nicht durch Berechnungen entdeckt wurden, die durchgeführt wurden, bevor das Schiff zu seiner ersten und letzten Kreuzfahrt aufbrach. Einige hatten jedoch bemerkt, dass das Schiff etwa anderthalb Fuß tiefer im Wasser lag, als es hätte sein sollen – mit einem Wort, dass sein Freibord nicht wie üblich acht Fuß über dem Wasser lag entworfen, war nur sechs Fuß sechs Zoll groß; und es bedarf nur einer sehr geringen Kenntnis der Meeresangelegenheiten, um zu verstehen, wie dieser Unterschied die Stabilität eines solchen Schiffes wie des *Kapitäns erheblich beeinträchtigen würde* .

Wenn der Leser wie wir die Gelegenheit hatte, eines unserer großen Marinearsenale zu besuchen – insbesondere Portsmouth oder Plymouth –, wird er von dem tapferen und prächtigen Erscheinungsbild vieler unserer Kriegsschiffe beeindruckt sein. aber er muss auch von mehr als einem Typ moderner Panzerschiffe mit Gefühlen berührt worden sein, die das Gegenteil der Bewunderung sind. Niemand, der ein echtes Schiff bewundert, sei es aus Holz oder aus Eisen – eine stattliche Fregatte mit vollen Segeln vor einem günstigen Wind –, kann gleichzeitig einen Monitor bewundern. Viele Menschen werden sich tatsächlich weigern, ein Turmschiff überhaupt als Schiff zu betrachten. Es stellt jede unserer Vorstellungen davon, wie ein Schiff aussehen sollte, auf den Kopf. Als niedrige, schwarze, mastlose , floßartige, grausam aussehende Maschine ohne den geringsten Anspruch auf Form oder Anmut ist ein Turmschiff einfach eine Kampfmaschine, eine schwimmende Batterie – ein geniales und beeindruckendes Instrument des Todes und der Zerstörung. kein Zweifel, aber mehr auch nicht. Dennoch gehören diese zu den führenden Kriegsschiffen der Gegenwart und, soweit das heute ersichtlich ist, auch der unmittelbaren Zukunft; und auf diese müssen wir uns verlassen, wenn es um den Schutz unserer Küsten geht, falls sie jemals bedroht werden sollten.

Und doch, so hoch die jährlichen Kosten unserer Marine auch sind und wie viel Einfallsreichtum in den Bau neuer und neuartiger Kriegsschiffe gesteckt wird – jedes soll uneinnehmbarer und furchteinflößender sein als sein Vorgänger –, ist unsere Marine am Ziel Dieser Moment befindet sich in einem etwas unruhigen und vorübergehenden Zustand. Bei der Konstruktion von Panzerschiffen kommt es jedes Jahr zu Veränderungen, und unter unseren höchsten Marinebehörden bestehen erhebliche Meinungsverschiedenheiten über wichtige Punkte der Schiffsarchitektur. Kriegsschiffe müssen sich nun mit so gewaltigen Feinden in Form von Kanonen, Torpedos und anderen Maschinen mit schrecklicher Zerstörungskraft auseinandersetzen, dass es derzeit schwer zu sagen ist, wer am Ende siegen wird. Eines der alten Holzschiffe neben einem modernen Panzerschiff gleicht im Vergleich zu Gibraltar einer Spielzeugbatterie für Kinder; und doch kann man kaum sagen, dass die Nation das gleiche Gefühl des Vertrauens und der Sicherheit in unsere gegenwärtigen Schiffe hat, das sie in die Schiffe setzte, die Nelson so oft zum Sieg führte; denn es muss noch lange dauern, bis das Schicksal des *Kapitäns* und der *Vorhut* völlig vergessen ist.

Wir können jedoch davon ausgehen und uns zumindest sicher sein, dass England, so zweifelhaft wir auch im Hinblick auf einige der Neuerungen und angeblichen Verbesserungen sein mögen, die von Zeit zu Zeit in der Schiffsarchitektur eingeführt werden, durchaus auf dem Laufenden ist das Alter in maritimen Angelegenheiten; Auch wenn ihre Schiffe nicht absolut perfekt und gegen jede Art von Gefahr gewappnet sind, so sind sie denen einer anderen Nation zumindest ebenbürtig. Wir brauchen eine starke, eine sehr starke Marine; Und tatsächlich entsprechen unsere Flottenressourcen nahezu der gesamten Flottenstärke Europas.

Bevor England es sich leisten kann, seine Flottenbewaffnung zu verringern, muss sich ein etwas anderer Zustand einstellen als der, der derzeit unter den Nationen der Welt herrscht. und bis die Großmächte der Welt sich darauf einigen, ihre Streitigkeiten auf andere Weise als durch „Kampfwetten" beizulegen, und beschlossen sind, „keinen Krieg mehr" zu führen, besteht für sie wahrscheinlich der beste und einzige Weg darin, sich so stark und stabil zu halten möglichst perfekt bewaffnet. Dies hat wahrscheinlich zumindest dazu beigetragen, unseren Küsten einen so langen und ununterbrochenen Frieden zu sichern; und einen anderen und entgegengesetzten Weg zu versuchen, wäre, gelinde gesagt, ein Risiko. Wie alle Welt weiß, ist Englands Verteidigung und Sicherheit auf seine Marine angewiesen. In unserer Marine schwach zu sein, hieße, in unserer gesamten Rüstung schwach zu sein . Wir hoffen sehr , dass unsere Flotte gegenwärtig eine Friedenswaffe in unseren Händen ist – ein Schild, kein Schwert; Und obwohl es so ist, gilt: Je stärker und makelloser es ist, desto besser für uns und vielleicht für die ganze Welt. Dem Leser mag dies wie eine etwas eitel-rühmliche Art und Weise erscheinen, den Fall darzulegen; aber wenn er die Sache fair und unparteiisch betrachtet , glauben wir, dass er zugeben wird, dass in unserer Aussage etwas Wahres steckt.

Bevor wir dieses Kapitel abschließen, müssen wir noch ein oder zwei Worte sagen, die den Feind von Kriegsschiffen, den Torpedo, beschreiben, auch wenn der Weltraum es erfordert, dass wir uns kurz fassen. Fast alle modernen Kriegsschiffe sind mit Doppelböden ausgestattet, die speziell zum Schutz vor Torpedos entwickelt wurden. Es gibt viele verschiedene Formen von Torpedos, die auf unterschiedliche Weise eingesetzt werden. Ein Torpedo kann als ein U-Boot-Explosionsgerät beschrieben werden. Es kann zwischen 30 und 500 Pfund Schießpulver enthalten; und die Explosion erfolgt entweder mittels Elektrizität oder durch eine Feder und eine Sprengsubstanz, wenn der Motor mit einem Schiff in Kontakt kommt. Einige Arten von Torpedos ruhen auf dem Meeresboden, während andere verankert sind und im Wasser schweben. Wenn ein Schiff gegen eine dieser schrecklichen Maschinen stößt, wird es entweder sofort in Splitter zerschmettert oder es entsteht ein Riss im Boden, der dazu führt, dass es schnell sinkt.

Eine Torpedoart ähnelt ein wenig einem Fisch und wird von einer Schraube und anderen Maschinen schnell durch das Wasser getrieben. Torpedos sind so konstruiert, dass sie im richtigen Moment aufsteigen und ein Schiff treffen können. Wenn sie nicht mit Schießpulver oder Schießbaumwolle gefüllt sind, werden stattdessen Dynamit und andere explosive Substanzen zum Aufladen dieser U-Boot-Kriegsmaschinen verwendet.

Es wurden verschiedene Methoden entwickelt, um Schiffe vor Torpedos zu schützen. Manchmal werden vor dem Schiff Netze ausgespannt, die die Torpedos auffangen, bevor sie den Schiffsboden berühren können. Diese Schutzmaßnahme wurde von den Bundeskriegsschiffen beim Einlaufen in Häfen der Konföderierten in vielen Fällen mit Erfolg übernommen . Um ein Schiff vor diesen schrecklichen Zerstörungsmaschinen zu schützen, kann jedoch allein durch Vorsichtsmaßnahmen viel getan werden, wie im Krimkrieg bewiesen wurde, als die russischen Torpedos aufgrund der unaufhörlichen Wachsamkeit unseren Schiffen kaum oder gar keinen Schaden zufügten Planke.

Während des letzten Krieges zwischen Russland und der Türkei war einer der gewagtesten Heldentaten des Feldzugs der Angriff eines russischen Torpedobootgeschwaders auf den türkischen Monitor *Hifse Rahman* . Die Flottille bestand aus vier Schiffen: der *Czarevich* , der *Xenia* , der *Czarevna* und der *Djirid* . Die beiden erstgenannten begannen den Angriff, wobei die *Czarevna* und die *Djirid* sich in Reserve hielten, bis ihre Hilfe benötigt wurde.

Die Barkassen waren mit starken Eisenmarkisen ausgestattet, die ihre Besatzungen vor dem Feuer des Feindes schützten. Jedes Boot war mit zwei Torpedos bewaffnet, die an den Enden langer Spieren befestigt waren, die über die Schanzkleider hinausragten und an Drehpunkten arbeiteten. Die Torpedos konnten bei Bedarf von den Holmen gelöst werden; während lange Ketten an den Raketen befestigt waren, mit denen sie am feindlichen Schiff befestigt waren, sowie am Draht einer galvanischen Batterie, die um die Taille des Kommandanten der Barkasse befestigt war. Diese Batterie war das Mittel, mit dem der Torpedo gezündet wurde.

Die Flottille verließ die rumänische Seite der Donau am 25. Juni 1877 gegen Mitternacht, und in weniger als einer Stunde tauchte die *Hifse Rahman* auf, eine schattenhafte Masse auf dem dunklen Wasser. Die Annäherung der Torpedoboote verlief fast geräuschlos, und das Quaken der Frösche soll den Russen noch mehr geholfen haben , indem es das Geräusch der Motoren übertönte, so dass diejenigen an Bord des Monitors die Nähe ihres Feindes erst bei den Abschüssen bemerkten waren fast daneben.

Der Posten protestierte sofort, als Leutnant Doubarsoff , der Kommandeur der *Czarevich* , mit „Freunde" antwortete. Aber seine Rede verriet ihn; der

Alarm wurde verbreitet; und der *Hifse Rahman* eröffnete ein scharfes Feuer auf die Barkassen. Aber Leutnant Doubarsoff gelang es, seine Torpedokette an einem Seil zu befestigen, das am Bug des Monitors hing, und dann setzte er sein kleines Schiff schnell zurück und feuerte den Torpedo ab. Eine gewaltige Explosion; Eine Wassersäule schoss in die Luft und die Barkasse war fast überfüllt! Allerdings war es zu einem Durchbruch in den Bollwerken der *Hifse Rahman* gekommen .

Die anderen Beobachter waren sich nun ihrer Gefahr vollkommen bewusst, und die russischen Barkassen mussten einer tödlichen Kanonade standhalten, woraufhin Leutnant Doubarsoff Leutnant Schestakoff befahl, seine Barkasse, die *Xenia* , hochzuholen und einen zweiten Torpedo abzufeuern, was dieser auch schaffte Tun Sie dies und befestigen Sie die Rakete mittschiffs am türkischen Schiff. Das Schicksal der *Hifse Rahman* war nun besiegelt und innerhalb weniger Minuten sank sie.

Den russischen Barkassen gelang es, sich wieder von ihrem Feind zu lösen, ohne einen einzigen Mann zu verlieren, und beendeten damit die erste Torpedoexpedition, die jemals gegen die Panzerpanzer eines Feindes unternommen wurde, die jedoch, wie ein Autor das Ereignis beschreibt, „in einer völligen Revolutionierung unserer Gegenwart enden könnte " . System aus riesigen Eisenwänden." Für diese unerschrockene und erfolgreiche Leistung wurde den Leutnants Doubarsoff und Schestakoff das Großkreuz des Heiligen Georg verliehen .

Der Raum bleibt uns nichts anderes übrig, als für einen Moment auf die vielleicht tödlichste Waffe der offensiven Seekriegsführung zurückzugreifen, die je entwickelt wurde: Widder. Einige Experten behaupten, dass nichts mit der Kraft des Widders eines modernen Panzerpanzers mithalten kann, der geschickt gehandhabt wird; und eine bekannte Marinebehörde hat erklärt, dass der Einsatz der Kanonen bei einem Marineeinsatz lediglich dem des Widders vorausgehen sollte – mit anderen Worten, dass alle Anstrengungen darauf konzentriert werden sollten, die Gelegenheit zum Einsatz des Widders zu nutzen.

Wir schließen dieses Kapitel, indem wir die Aufmerksamkeit des Lesers auf ein Merkmal moderner Kriegsschiffe lenken, auf das bereits hingewiesen wurde und auf das auch der gesamte Verlauf unserer Ausführungen zu diesem Thema hinweist: den nahezu universellen Einsatz von Maschinen in der modernen Marinetaktik. Mit Sicherheit kann man in der modernen Seekriegsführung mit den Worten des Preisträgers sagen – von ihm natürlich in einem ganz anderen Sinne verwendet –, dass „das Individuum schwindet", so dass die Vorhersage lautete, an die sich einige unserer Leser vielleicht erinnern Einst von einem Ersten Lord der Admiralität erstellt, scheint es nicht unwahrscheinlich, dass es eines Tages zur nüchternen Tatsache wird –

dass die Zeit kommen wird, in der wir keine Matrosen mehr brauchen werden, weil unsere Kriegsschiffe nur noch Heizer und Artilleristen brauchen werden. Ob dies eine wünschenswerte Vollendung ist, wollen wir hier nicht genau sagen.

Kapitel Dreizehn.

Ursprünge der Dampfschiffe – Ozeandampfer usw.

Da wir beim Schreiben über Marineschiffe dazu gebracht wurden, uns auf Dampf zu beziehen, wenden wir uns an dieser Stelle dieser enormen Antriebskraft zu.

Eines Nachts im Jahr 1807 erlebten die Bewohner der Ufer des Flusses Hudson in Amerika einen schrecklichen Anblick.

Die Menschen lieben das Wunderbare , und sie geben sich alle Mühe, um das Erschreckende und Schreckliche zu sehen; aber in der besagten Nacht war es nicht nötig, weit zu gehen. Die Bauern brauchten nur aus ihren Fenstern zu schauen, und die Matrosen der Schifffahrt brauchten nur ihre Köpfe über die Schanzkleider zu heben, um einen Anblick zu erblicken, der selbst die Mutigsten entsetzte und den Ängstlichen die Haare am Schädel zu Berge stehen ließ am Ende.

Das Objekt, das so viel Bestürzung hervorrief, war – ein „Monster der Tiefe"! An einigen Stellen des Flusses konnten die Menschen nicht sagen, wie es war, denn die Nacht war dunkel, als sie vorbeizog, aber eine dunkle, schemenhafte Vorstellung bekamen sie durch das Licht des Feuers, das das Geschöpf aus seinem Rachen spuckte; und sie machten sich anhand der Geschwindigkeit, mit der es sich bewegte, des Plätscherns, das es erzeugte, und des abscheulichen Stöhnens, mit dem es die Nachtluft belastete, eine gewaltige Vorstellung von seiner Größe und Macht.

Dieses „feurige Monster der Tiefe" war der *erste* Flussdampfer, die *Clermont*!

Bevor wir weiter auf die Einzelheiten dieses ersten Schiffstyps eingehen, der in den letzten fünfzig Jahren das gesamte Navigationssystem fast vollständig verändert hat, werfen wir einen flüchtigen Blick auf die ersten Versuche, Schiffe mithilfe von Schiffen anzutreiben Dampf.

Das Thema beschäftigt die Menschheit viel länger, als viele Menschen annehmen. Bereits im Jahr 1543 baute ein spanischer Marinekapitän einen Motor in ein etwa zweihundert Tonnen schweres Schiff ein und schaffte es, es mit einer Geschwindigkeit von etwa zwei Meilen pro Stunde zu bewegen. Die Art seiner Maschine hielt der Kapitän geheim; Es wurde jedoch festgestellt, dass ein Teil davon aus einem Kessel mit kochendem Wasser bestand.

Dies wird uns von Thomas Gonzales, dem Direktor des Königlichen Archivs von Simancas, erzählt; aber seine Wahrhaftigkeit wird jetzt in Frage gestellt – jedenfalls hörte man später nichts weiter von der Entdeckung.

Die erste authentische Aufzeichnung, die wir über die Dampfschifffahrt haben, findet sich in einem Werk des Marquis von Worcester aus dem Jahr 1665, in dem auf den Einsatz von Motoren an Booten und Schiffen hingewiesen wird, die „sie Flüsse hinauf gegen den Strom ziehen und , Wenn nötig, überqueren Sie die London Bridge bei Niedrigwasser gegen den Strom.“

Von Zeit zu Zeit wurden von genialen Männern viele mehr oder weniger erfolgreiche Versuche unternommen. Papin von Frankreich baute 1690 ein Dampfschiff, dessen Erfolg daran zu erkennen ist, dass es schließlich von wütenden und eifersüchtigen Wassermännern zerstört wurde! Jonathan Hulls im Jahr 1736 und M. Genevois im Jahr 1759 waren jeweils bis zu einem gewissen Grad erfolgreich bei der Konstruktion von Arbeitsmodellen, aber aus ihrer Arbeit ging nichts Konkretes hervor . Dennoch darf es nicht so verstanden werden, dass wir die Leistungen solcher Männer unterschätzen. Im Gegenteil, durch die aufeinanderfolgenden Entdeckungen solch forschender und philosophischer Männer werden schließlich großartige Ergebnisse erzielt. Die prächtigen Bauwerke, die den Ozean bevölkern, waren nicht die Schöpfung einer Epoche oder das Produkt eines erstaunlichen Geistes. Sie sind das Ergebnis der Arbeit Tausender Männer, deren Namen nie bekannt wurden.

kurz vor Beginn der Schifffahrt mit den von früheren Generationen bereitgestellten Materialien arbeiteten und den Antrieb von Booten mit Dampf der Perfektion nahe brachten, waren Herr Miller aus Dumfries, Herr Taylor, sein Freund und Lehrer in seiner Familie, und Herr Symington. All dies trug maßgeblich zur Einleitung des großen Ereignisses bei. Symington baute 1788 einen Motor in ein großes Boot ein, mit dem er eine Geschwindigkeit von sieben Meilen pro Stunde erreichte.

der Dampfschifffahrt zu verdanken ist, ist zweifellos Mr. Fulton aus Amerika. Dieser Herr, ein Zeitgenosse der eben genannten, besuchte Frankreich und England, in denen er erfolglos versuchte , seine Projekte durchzuführen, während er in letzterem mit Symington zusammentraf und viele wertvolle Informationen von ihm erhielt.

Wir haben überhaupt kein Verständnis für diejenigen, die scheinbar alle Entdeckungen und Erfindungen, die ihnen möglich oder plausibel möglich sind, zum Verdienst ihres eigenen Landes einstreichen. Wir haben viel *zum* Beginn der Dampfschifffahrt beigetragen, aber wir haben nicht damit begonnen. Bei der Erfindung von Apparaten, mit denen Boote durch Dampf angetrieben werden konnten, waren wir anderen Nationen weit voraus; Wir konstruierten Modelle, probierten es in kleinem Maßstab und fanden die Antwort bewundernswert: Aber wir blieben stehen. In der Zwischenzeit kam ein unternehmungslustiger Amerikaner und sah unsere Erfolge, bestellte in

England eine Maschine, transportierte sie über den Atlantik und *leitete* die Ära der Dampfschifffahrt auf dem Fluss Hudson ein, indem er Folgendes baute und zu Wasser ließ:

Der erste Dampfer.

Robert Fulton plante, baute und ließ im Frühjahr 1807 in Zusammenarbeit mit dem amerikanischen Kanzler Livingston ein Boot zu Wasser, das sie „Clermont" *nannten* . Es wurde mit Dampf angetrieben und erreichte auf seiner ersten Reise von New York nach Albany, einer Entfernung von fast 150 Meilen, eine durchschnittliche Geschwindigkeit von fünf Meilen pro Stunde .

Alle Entdeckungen und Neuheiten, ob groß oder klein, werden von der Masse der Menschheit zunächst mit Spott behandelt, und so ist es kein Wunder, dass die Menschenmengen, die zum Kai strömten, um zu sehen, wie die Clermont zu ihrer ersten Reise aufbrach, einigermaßen satirisch und *humorvoll* waren scherzen in ihren Bemerkungen. Doch als der Dampf eingeschaltet wurde, hörten sie das erste Schnauben, das bald die zitternde Luft von Land und Meer erschüttern sollte, und sahen, wie die großen, groben Schaufelräder kraftvoll im Wasser kreisten und es aufwühlten Als sich Schaum auflöste, begrüßte ein Ruf, der zweifellos von prophetischer

Inbrunst gefärbt war, den triumphierenden Ingenieur, als sein kleines Dampfschiff vom Ufer abschoss.

Colden spricht in seinem Leben von Fulton folgendermaßen über die erste Reise der *Clermont*:

„Sie erregte das Erstaunen der Bewohner der Ufer des Hudson, von denen viele noch nicht einmal von einer Maschine gehört hatten, geschweige denn von einem Dampfschiff. Es gab viele Beschreibungen der Auswirkungen ihres ersten Erscheinens auf die Menschen am Flussufer.

„Einige davon waren lächerlich, aber einige hatten einen solchen Charakter, dass nichts anderes als ein Objekt von wahrer Erhabenheit hätte erregen können. Einige, die sie in der Nacht undeutlich gesehen hatten, beschrieben sie als ein Monster, das sich auf dem Wasser bewegte, dem Wind und der Flut trotzte und Flammen und Rauch spuckte! Sie sah im Vergleich zu den anderen Schiffen, die auf dem Fluss unterwegs waren, am beeindruckendsten aus. Das erste Dampfschiff (wie es auch andere noch tun) verwendete trockenes Kiefernholz als Brennstoff, das viele Fuß über dem Schornstein eine Säule entzündeten Dampfes aussendet , und wenn das Feuer angefacht wird, fliegt eine Galaxie von Funken los, die in der Nacht austritt , haben ein sehr brillantes und schönes Aussehen.

„Dieses ungewöhnliche Licht erregte zuerst die Aufmerksamkeit der Besatzungen anderer Schiffe. Ungeachtet des Windes und der Flut, die seiner Annäherung entgegenstanden, sahen sie mit Erstaunen, dass es schnell auf sie zukam; und als es so nahe kam, dass man den Lärm der Maschinen und Paddel hörte, schreckten die Mannschaften – wenn das stimmt, was damals in den Zeitungen stand – in einigen Fällen vor dem schrecklichen Anblick unter ihren Decks zurück und ließen ihre Schiffe zurück an Land gehen; während andere sich niederwarfen und die Vorsehung anflehten, sie vor der Annäherung des schrecklichen Ungeheuers zu beschützen, das auf der Flut marschierte und seinen Weg durch die Feuer erleuchtete, die es spuckte!“ Die *Clermont* wurde zu einem regulären Passagierschiff auf dem Hudson; und der Fortschritt der Dampfschifffahrt schritt weiter voran, bis fast alle schiffbaren Flüsse der Welt und der große Ozean selbst mit diesen klappernden Handelsschiffen bedeckt waren, die den Komfort, den Reichtum und die Macht noch mehr vergrößerten Menschen – die Macht, sowohl Gutes als auch Böses zu tun –, als der schwache menschliche Geist sich vorstellen kann.

Der Komet.

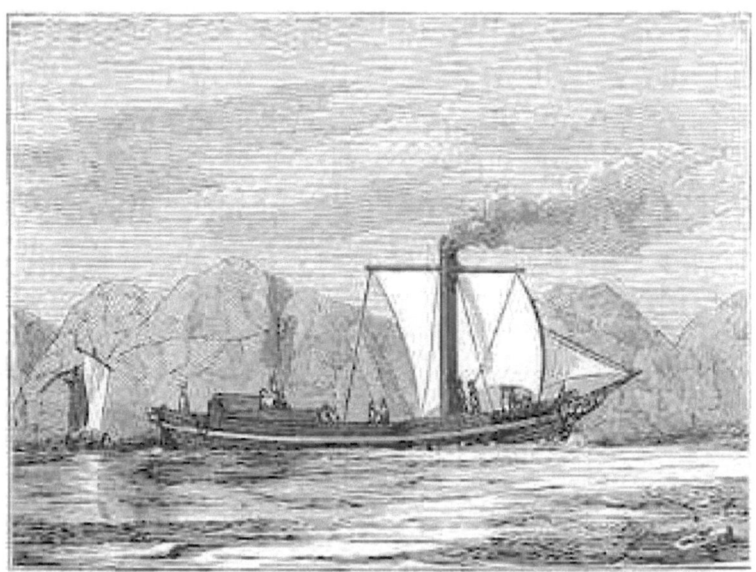

Erst fünf Jahre, nachdem die Amerikaner uns das Beispiel gegeben hatten, ließen wir unser erstes Passagierdampfschiff vom Stapel, die *Comet*, ein etwa 25 Tonnen schweres Schiff mit drei PS starken Motoren. Dieses kleine Schiff wurde von Henry Bell aus Helensburgh am Clyde gestartet. Es begann seine Karriere im Jahr 1812 und war zwei Jahre lang regelmäßig tätig.

Wie ihre Vorgängerin, die *Clermont*, wurde sie mit nicht geringem Maß an Skepsis und großer Überraschung von den Tausenden, die sie sahen, betrachtet. Dennoch bewies sie bald ihren Wert, wurde für ihre Besitzer zu einer erfolgreichen Spekulation und wurde bald von vielen anderen Schiffen ähnlicher Art gefolgt.

Die „Argyle", später „The Thames" genannt.

1813 wurde die *Argyle* vom Stapel gelassen. Dieses Schiff war der erste europäische Dampfer, der sich auf die gefährlichere Fahrt über die offene Seeküste begab. Sie wurde von einer Firma in London gekauft. Auf dem Weg nach oben erlitt sie beinahe Schiffbruch an der Leeküste, konnte aber dank ihrer Dampfkraft mit einer Geschwindigkeit von dreieinhalb Knoten pro Stunde direkt gegen den Wind fahren und entkam so.

Einer der Passagiere hat uns einen interessanten Bericht über diese interessante Reise hinterlassen, aus dem wir ein oder zwei Absätze entnehmen können:

„Das Wetter war mittlerweile so stürmisch und schlecht geworden, dass unser Kapitän beschloss, im Hafen von Wexford anzulegen, mit dem großen Ziel, das Schiff sicher nach London zu steuern, anstatt es durch große Schnelligkeit unnötigen Risiken auszusetzen . Am 30. Mai um zwei Uhr nachmittags stachen wir erneut in See und steuerten Saint David's Head an, den westlichsten Punkt von Wales. Während unserer Überfahrt über den St.-Georgs-Kanal geriet eines der Blätter des Steuerbord-Schaufelrads außer Betrieb; Der Motor wurde gestoppt und die Klinge abgeschnitten. Einige Stunden später ereignete sich am anderen Rad ein ähnlicher Unfall, der auf die gleiche Weise behoben wurde.

„Gegen zwei Uhr nachmittags, zwölf Stunden nachdem wir Wexford verlassen hatten, erreichten wir den Pass von Ramsay. Wir blieben drei Stunden lang dort, um den Motor zu ölen und dem Heizer, der seinen Posten seit seiner Abreise aus Wexford keinen Augenblick verlassen hatte, ein wenig Ruhe zu gönnen. In kurzer Zeit wurden mehrere Boote gesehen, die uns zu Hilfe kamen, wobei hier wie in Wexford die Vorstellung vorherrschte, dass unser Schiff in Flammen stand. Wir landeten auf der Insel Ramsay, einem äußerst verlassenen Ort, der nur eine einzige Siedlung enthielt; Wir besorgten jedoch etwas Brot, Butter, Milch, Käse und Bier, mit denen wir zum Schiff zurückkehrten und begannen, durch die Meerenge und über die Bucht der Heiligen Braut zu dampfen.

„Das Wetter war mittlerweile ungünstig geworden und das Meer stand in der Bucht besorgniserregend hoch. Auf der Südseite der Saint Bride's Bay, zwischen Skomar Island und dem Festland, befindet sich eine fiese Passage namens Jack Sound. Unser Lotse warnte uns vor der Gefahr, diese Überfahrt zu versuchen, außer bei Hochwasser und günstigem Wind , da es mehrere gewaltige Strudel gäbe, die das Schiff erfassen und über die Felsen treiben würden. Kapitän Dodd jedoch, der die Kraft seiner Maschine kannte, bestand darauf, durch den Sund zu fahren, um fünf Stunden und eine weitere Nacht auf See zu sparen. Der Pilot wiederholte seine Einwände und zitterte gleichzeitig vor Angst; aber wir kamen mit größter Leichtigkeit durch alle Strudel. Allerdings kann man sich nichts Schrecklicheres vorstellen als den Anblick einiger Felsen, insbesondere derjenigen, die „Der Bischof und seine Schreiber" genannt werden. Wären wir auf einem Segelschiff gewesen, wäre unsere Lage höchst gefährlich gewesen; aber unser Dampf war allmächtig und brachte uns sicher nach Milford Haven.

„Am späten Abend des 31. stachen wir erneut in See und am Freitagmorgen befanden wir uns mitten im Bristol-Kanal, ohne dass Land zu sehen war; aber gegen Abend entdeckten wir die hohe Küste, die England im Westen abschließt. Da das Wetter jedoch erneut einen düsteren Aspekt annahm, kam unser neuer Pilot zu dem Schluss, dass es in dieser Nacht unklug wäre, Land's End zu umrunden, und so richteten wir unseren Kurs auf Saint Ives aus.

„Als wir uns dem Ufer näherten, bemerkten wir eine Menge kleiner Schiffe, die mit Rudern und Segeln mit größtmöglicher Geschwindigkeit auf uns zukamen. Hier, wie auch anderswo, wurde Alarm geschlagen, als man ein Schiff sah, von dem man annahm, dass es in Flammen stand, und das auf die Stadt zusteuerte, und alle verfügbaren Fahrzeuge wurden sofort in See gestochen. Alle Felsen, die Saint Ives beherrschten, waren mit Zuschauern bedeckt; und als wir den Hafen betraten, schien der Anblick unseres Schiffes bei den Bewohnern ebenso viel Überraschung hervorzurufen, wie die Schiffe von Kapitän Cook bei seinem ersten Erscheinen bei den Inselbewohnern der Südsee hervorgerufen haben müssen.

„Eine weitere Nacht verging, eine Nacht voller Sturm und Gefahr, aber die kleine *Thames* (das Schiff war von der neuen Gesellschaft, die sie gekauft hatte, umbenannt worden) benahm sich edel und erreichte am nächsten Tag Plymouth. „Hier“, fährt die Erzählung fort, „war der Hafenmeister, der noch nie zuvor ein Dampfschiff gesehen hatte, beim Betreten der *Themse* ebenso erstaunt wie ein Kind, wenn es ein neues Spielzeug in den Besitz bekommt.“ Er steuerte das Schiff, und wir umrundeten im Sund mehrere Kriegsschiffe. Als wir an ihnen vorbeikamen, rannten die Matrosen in Scharen zu den Seiten ihrer Schiffe, bestiegen die Takelage und gaben ihren Beobachtungen auf äußerst amüsante Weise Luft.

„Wir verließen Plymouth am nächsten Tag mittags und dampften ohne Unterbrechung nach Portsmouth, wo wir am Freitag, dem 9. Juni, ankamen, nachdem wir in dreiundzwanzig Stunden einhundertfünfzig Meilen zurückgelegt hatten. In Portsmouth kamen Erstaunen und Bewunderung, wenn möglich, stärker zum Ausdruck als anderswo. Zehntausende Zuschauer versammelten sich, um auf die *Themse zu blicken*; und die Zahl der Schiffe, die sich um uns drängten, war so groß, dass es notwendig wurde, den Admiral zu bitten, uns eine Wache zu stellen, um ein gewisses Maß an Ordnung aufrechtzuerhalten.

„Wir fuhren auf brillanteste Weise in den Hafen ein und dampften mit Hilfe von Wind und Gezeiten mit einer Geschwindigkeit von zwölf bis vierzehn Meilen pro Stunde ein. An Bord der Fregatte *Gladiator* tagte gerade ein Kriegsgericht ; aber die Neuheit unseres Dampfschiffes übte eine unwiderstehliche Anziehungskraft aus, und das ganze Gericht kam zu uns, mit Ausnahme des Präsidenten, der aufgrund der Etikette verpflichtet war, seinen Sitz zu behalten, bis das Gericht regelmäßig vertagt würde. Am Samstag, dem 10. Juni, schickte der Hafenadmiral seine Truppe und eine Wache Marinesoldaten früh an Bord; und bald darauf folgte er, begleitet von drei Admiralen, achtzehn Postkapitänen und einer großen Anzahl Damen.

Den Vormittag verbrachten wir damit, durch die Flotte zu dampfen und zur Isle of Wight zu rennen. Von Portsmouth ging es weiter nach Margate, das wir am Sonntagmorgen erreichten. Hier blieben wir bis zum nächsten Tag, als wir uns um halb neun Uhr morgens zu unserer letzten Reise einschifften; und gegen sechs Uhr abends kamen wir in Limehouse an, wo wir anlegten."

Auf diese Weise haben wir uns ausführlich mit dieser Reise beschäftigt, denn sie ist nicht nur die erste Dampfseereise, sondern dient auch dazu, sehr deutlich zu zeigen, wie groß und wie schnell der Fortschritt der Dampfschifffahrt in den letzten fünfzig Jahren war. Wenn wir einen Bericht wie diesen lesen, können wir in der heutigen Zeit der „Ozeanpostdampfer" und „Great Eastern " kaum glauben, dass darin nicht auf das Mittelalter, sondern auf das Jahr 1813 Bezug genommen wird.

Ozeandampfer.

Nach dieser bedeutsamen Ära, in der Dampf zum ersten Mal erfolgreich für nützliche Zwecke eingesetzt wurde, schien der menschliche Fortschritt und die Verbesserung in allen Bereichen der Wissenschaft und Kunst von ihm abhängig zu sein und von nun an brüllend mit wahrer „Eisenbahngeschwindigkeit" an seinem Schwanz entlang zu rasen. „Der Perfektion entgegen!"

Kaum hatte das erste Dampfschiffmodell mit seinen ungelenken „Schaufeln" das Wasser eines Teiches bespritzt, begann der Flussverkehr mit Dampfschiffen. Und kaum hatte sich herausgestellt, dass dies ein entscheidender Erfolg war, wurden gewagte Pläne geschmiedet, um auf Rädern über den Ozean selbst zu rasen. Die Männer waren nicht lange dabei, nachdem der erste Start gemacht war. Ihr intellektueller Schwung war auf Hochtouren, und der Wirbel erfinderischer Anstrengungen zerbrach den Ingenieuren das Gehirn, während die Räder ihrer Dampfschiffe das Wasser der Tiefe quälten.

Und auch hier fällt wieder der Name Fulton auf. Anfang 1814 hatte er die Idee, ein Dampfschiff für den Krieg zu bauen, das eine starke Batterie mit Öfen für glühende Schrotladungen transportieren sollte. Der Kongress genehmigte den Bau eines solchen Schiffes und noch im selben Jahr wurde es vom Stapel gelassen. Fulton starb im folgenden Jahr, aber der Ruhm dieses unternehmungslustigen Ingenieurs wird niemals sterben.

Das neue Schiff erhielt den eher bizarren Titel „ *Fulton the First*". Sie bestand aus zwei zusammengefügten Booten. Diejenigen, die vom Kongress damit beauftragt wurden, sie zu untersuchen und Bericht zu erstatten, gaben den folgenden Bericht über dieses seltsame Kriegsschiff:

„Sie ist eine Struktur, die auf zwei Booten und Kielen ruht und von einem Ende zum anderen durch einen fünfzehn Fuß breiten und sechsundsechzig Fuß langen Kanal getrennt ist. Ein Boot enthält Kupferkessel, um seinen Dampf zu bereiten; Der Zylinder aus Eisen, sein Kolben, sein Hebel und seine Räder nehmen einen Teil des anderen ein. Im Raum dazwischen dreht sich das Wasserrad. Das Haupt- oder Geschützdeck trägt die Bewaffnung und wird durch eine vier Fuß zehn Zoll dicke Brüstung aus massivem Holz geschützt, die von Schießscharten durchbrochen ist. Durch dreißig Bullaugen sollen bis zu 32 Pfünder rotglühendes Geschoss abfeuern, das mit großer Sicherheit und Bequemlichkeit erhitzt werden kann. Ihr Ober- oder Holmdeck, auf dem mehrere tausend Männer paradieren könnten, ist von einem Schanzkleid umgeben, das sichere Quartiere bietet. Sie ist mit zwei kräftigen Masten ausgestattet, von denen jeder eine große Rahe und Segel trägt. Sie hat zwei Bugspriet und Fock sowie vier Ruder – eines an jedem Ende jedes Bootes; so dass sie mit beiden Enden voran gesteuert werden kann. Ihre Maschinerie ist für die Hinzufügung eines Motors ausgelegt, der eine riesige Wassersäule ausstößt, die auf die Decks und durch die Bullaugen des Feindes geschleudert werden soll und dadurch ihre Bewaffnung und Munition überschwemmt.

„Wenn wir zusätzlich zu all dem davon ausgehen, dass sie gemäß Mr. Fultons Absicht mit 100-Pfund- Columbiaden ausgestattet ist, von denen zwei an jedem Bug hängen, um eine Kugel dieser Größe in zehn oder zwölf feindliche Schiffe abzufeuern Fuß unter ihrer Wasserlinie muss man zugeben, dass sie zumindest den Anschein erweckt, die gewaltigste Kriegsmaschine zu sein, die menschlicher Einfallsreichtum je ersonnen hat.“

Das war sie auf jeden Fall; und selbst heute würde die „*Fulton the First*“ keine unbedeutende Figur machen, wenn sie neben unseren Kanonenbooten, schwimmenden Batterien und Dampffregatten platziert würde.

Es ist nicht leicht, intelligente Männer dazu zu bringen, an Dinge zu glauben, die nach dem Wunderbaren riechen ; Dennoch scheint es einen Punkt zu geben, an dem ein Mensch, wenn er erst einmal erwischt wird, fast alles glauben wird, egal wie absurd es auch sein mag. Damals glaubten nur wenige Menschen in Europa an die wahren Ausmaße dieses Schiffes. Aber als sie im Laufe der Zeit und aufgrund unzweifelhafter Aussagen zum Glauben gezwungen wurden, verfielen sie in das entgegengesetzte Extrem der Ungläubigkeit und glaubten alles, wie der folgende seltsam komische Absatz zeigen wird. Es soll in einer schottischen Abhandlung über Dampfschiffe erschienen sein und soll eine „vollständige, wahre und besondere Darstellung“ dieses monströsen amerikanischen Kriegsdampfers geben. Nachdem sie ihre Abmessungen dreimal größer als in Wirklichkeit angegeben hat, fährt die Autorin fort: „ Die Dicke ihrer Seiten beträgt dreizehn Fuß abwechselnd aus Eichenbrettern und Korkholz. Sie trägt vierundvierzig Kanonen, davon vier Hundertpfünder; Geschütze auf dem Achterdeck und auf dem Vorschiff, 44-Pfünder; und um einen Feind zu ärgern, der versucht, an Bord zu kommen, können sie in einer Minute 100 Gallonen kochendes Wasser abgeben; und durch einen Mechanismus schwingt sie dreihundert Entermesser mit äußerster Regelmäßigkeit über ihren Dollborden; Wirkt auch eine gleiche Anzahl schwerer Eisenspitzen von großer Länge, schleudert sie mit ungeheurer Kraft von den Seiten und zieht sie alle Viertelminuten zurück!" Obwohl dieses Schiff wahrscheinlich als Ozeandampfer gedacht war, wurde es nie als solches genutzt. Doch nicht lange danach wagte ein Dampfschiff die Überquerung des Atlantiks und wurde so zum Ursprung der kommerziellen Dampfschifffahrt. Dieses Schiff war:

Der Dampfer „Savannah".

Leider liegen nur wenige Informationen über diesen ersten Ozeandampfer vor.

Sie wurde am 22. August 1818 in New York vom Stapel gelassen und unternahm im folgenden Jahr ihre erste Reise nach Savannah, von wo aus sie bald nach Liverpool segelte und den Atlantik in 25 Tagen überquerte – wovon sie 18 Tage nutzte ihre Motoren.

Die *Savannah* war etwa 350 Tonnen schwer und wurde dieses Mal von Kapitän Moses Rodgers kommandiert. Sie war mit einer Vorrichtung zum Einholen der Räder bei stürmischem Wetter ausgestattet, die sich hervorragend bewährte. und es wird erwähnt, dass man sie auf dem Meer mit einer Geschwindigkeit von neun oder zehn Knoten gesehen habe.

Von Liverpool aus fuhr dieser Dampfer nach Sankt Petersburg und kehrte anschließend sicher nach Savannah zurück.

Dies war das Einsetzen des Keils. Unser eigenes Land folgte diesem Beispiel erst 1838, als die guten Leute von New York durch die Ankunft zweier Dampfschiffe, der Sirius *und* der *Great Western* , aus England in Aufregung gerieten. So lange war seit der Reise der *Savannah vergangen* dass die Menschen es fast vergessen hatten und geneigt waren, diese Schiffe als die *ersten* Ozeandampfer zu betrachten. Tatsächlich haben einige engstirnige und ungroßzügige Autoren behauptet, sie *seien* die Ersten gewesen – und haben dabei den früheren Anspruch der *Savannah völlig ignoriert* .

Von da an begannen Hochseedampfer, regelmäßig über den Atlantik zu fahren. Mittlerweile tun sie dies regelmäßig und auch in fast alle anderen Teile der Welt.

Ozeanpostdampfer.

Die Verbesserungen, die in den letzten Jahren bei Hochseedampfschiffen stattgefunden haben, waren groß und schnell. Die Geschwindigkeit, die einige dieser großartigen Schiffe erreichen, ist geradezu erstaunlich . Viele noch Lebende können sich an die Zeit erinnern, als die Reise nach Australien mit einem Segelschiff sechs Monate dauerte. Wie ist nun der Stand der Dinge? Mit mehr als einer Dampfschifflinie kann der Reisende innerhalb von vierzig Tagen Sydney oder Melbourne erreichen. Eine kürzliche Reise durch den *Orient* , eine der neuesten und schönsten Ergänzungen der Ozeandampfschiffe, verdient mehr als nur eine flüchtige Aufmerksamkeit. Die *Lusitania* , die zur gleichen Linie gehört, dampfte in weniger als vierzig Tagen von England nach Australien, und die Leistung galt als großartig. Aber die *Lusitania* wurde von ihrem Schwesterschiff *Orient bei weitem übertroffen* , das die gleiche Reise tatsächlich in 35 Tagen, 15 Stunden und 46 Minuten zurückgelegt hat. Von Plymouth bis zum Kap der Guten Hoffnung brauchte der *Orient* nur siebzehn Tage und einundzwanzig Stunden. Dies ist die höchste jemals gemessene Geschwindigkeit. Es bleibt abzuwarten, ob dies die für Hochseedampfschiffe maximal mögliche Geschwindigkeit ist oder ob sie von einer noch höheren Geschwindigkeit übertroffen werden wird. Viele Menschen sind der Meinung, dass die zunehmenden Geschwindigkeitsmöglichkeiten, die Reisenden auf langen Reisen jetzt zur Verfügung stehen , nach und nach dazu führen werden, dass Segelschiffe nicht mehr für den Passagierverkehr genutzt werden. Es mag sein, aber es gibt immer noch nicht wenige, die für eine lange Seereise trotz der deutlich geringeren Geschwindigkeit ein Segelschiff einem Dampfschiff vorziehen würden . Aber heutzutage muss alles der *Zeit geopfert werden* . „Die Zeit vergeht wie im Flug", ist derzeit das Motto der augenblicklichsten und stärksten Kraft der Welt; Aber der Tag ist vielleicht nicht mehr fern, an dem das Fiat „Bis hierher und nicht weiter" nicht nur über die Geschwindigkeit der Dampfschiffe, sondern über die atemlose Hektik und Eile des Zeitalters im Allgemeinen ausgesprochen werden muss.

Die Zarenyacht „ Livadia ".

Zweifellos eines der bemerkenswertesten Schiffe auf See ist die Dampfyacht des russischen Zaren, die *Livadia* . Einer schottischen Schiffbaufirma gebührt das Verdienst, dieses einzigartige und prächtige Schiff gebaut zu haben, und es ist sicherlich eine Glanzleistung der Messrs Elder and Company, der bekannten Glasgower Schiffbauer, von deren Werft die *Livadia* im Juli 1880 vom Stapel lief.

Man könnte meinen, dass die Unterkünfte des *Livadia den höchsten Punkt an Komfort und Luxus erreicht haben* ; aber das ist bei weitem nicht der einzige oder sogar der wichtigste Aspekt, in dem das Schiff bemerkenswert ist. Sie ist aus rein nautischer Sicht bemerkenswert – sie ist das Ergebnis von Prinzipien, von denen man fast sagen kann, dass sie alle bereits existierenden Ideen des Schiffbaus revolutionieren , obwohl so etwas wie das gleiche Prinzip in den runden Panzerschiffen von Admiral Popoff zu finden ist.

Bisher bestand der Plan der Marinearchitekten, bei dem eine außergewöhnliche Geschwindigkeit im Vordergrund stand, darin, dem Schiff im Laufe des Baus Länge in Kombination mit möglichst feinen Linien und perfekten Proportionen zu verleihen. Aber im Fall eines kaiserlichen Vergnügungsboots wie der *Livadia* war es das Ziel, eine größere und salonähnlichere Unterbringung zu erhalten, als mit Länge, schmaler Breite und feinen Linien vereinbar ist; und den Konstrukteuren der neuen Yacht des Zaren ist es gelungen, nicht nur diese innere Geräumigkeit und diesen Komfort, sondern auch ein zufriedenstellendes Maß an Geschwindigkeit zu gewährleisten.

Der gemeinsamen Anstrengung von Admiral Popoff von der russischen Marine und Dr. Tideman von der königlichen Werft in Amsterdam war es zu verdanken, dass die *Livadia entworfen* wurde. Es ist nicht einfach, mit Worten einen klaren Eindruck von diesem seltsam geformten Fahrzeug zu vermitteln, aber wir hoffen, dass unsere Beschreibung dem Leser eine ziemlich korrekte Vorstellung von dem Schiff vermitteln wird.

dass die Konstrukteure der *Livadia* einen Steinbutt als Vorbild für den Rumpf wählten; und indem sie einen Plattfisch als Vorschlag für ihr Schiff nahmen, folgten die Bauherren, wie ein neuerer Autor zu diesem Thema betont, keiner extravaganten, wenn auch sicherlich neuartigen Fantasie. Im weitesten Sinne lässt sich die *Livadia* als breites und flaches Oval beschreiben, das zur Hälfte unter Wasser liegt, während über diesem Steinbutt-förmigen Floß ein Aufbau errichtet ist, der im Aussehen einem gewöhnlichen Schiff ähnelt und große, hohe und prächtige Salons umfasst und andere Wohnungen.

Die *Livadia* ist 260 Fuß lang, 150 Fuß breit und 50 Fuß tief. Sie wiegt 11.609 Tonnen und hat eine Verdrängung von 4.000 Tonnen. Die beiden Hauptvorteile der *Livadia* aufgrund ihrer besonderen Konstruktion sind: erstens, dass ihr Rahmen einen Aufbau von fast palastartigen Ausmaßen tragen kann, der jedes andere Schiff untergehen lassen würde; und zweitens, dass seine große Breite das Schiff so stabil wie möglich hält, während seine unteren Linien gleichzeitig ein sehr gutes Maß an Geschwindigkeit gewährleisten.

Die *Livadia* verfügt über leistungsstarke Antriebsmotoren. Es gibt drei Sätze davon, jeder mit drei Zylindern, der Durchmesser beträgt sechzig Zoll für den Hochdruck und 78 Zoll für den Niederdruck, mit einem Hub von drei Fuß drei Zoll. Durch die Konstruktion aus Manganeisen wurde den Propellern eine größtmögliche Stabilität und Leichtigkeit verliehen; Für die Motoren und Kessel, die gemessen an ihrem Gewicht die leistungsstärksten aller Schiffe sind, wurde größtenteils Stahl verwendet. Die geschätzte Leistung beträgt 10.500 PS, und das Schiff kann unter günstigen Bedingungen fünfzehn Knoten pro Stunde schaffen.

Der doppelte wasserdichte Boden der *Livadia* ist in der Mitte drei Fuß sechs Zoll tief und an jedem Ende zwei Fuß neun Zoll tief. In diesem steinbuttähnlichen Unterteil befindet sich die Maschinerie, außerdem ist er der Behälter für Kohlen und Vorräte aller Art. Der zweigeteilte Boden des Schiffes besteht aus vierzig Kammern, und das Ganze ist vermutlich stabil genug, um den härtesten Witterungsbedingungen, denen die Yacht voraussichtlich ausgesetzt sein wird, sowie den Belastungen ihrer leistungsstarken Maschinen standzuhalten.

Die gesamte Länge des oberen Teils des Schiffes, in dem sich die kaiserlichen Gemächer sowie die Quartiere der Offiziere und der Mannschaft befinden, beträgt 260 Fuß und die Breite 110 Fuß. Die Besatzung nannte insgesamt 260 Personen. Die Privatgemächer des Zaren selbst liegen vorn auf dem Hauptdeck, weit weg von der Hitze der Motoren und dem Geruch der Maschinen. Ein Besucher des Schiffes wird vielleicht vor allem durch die Höhe beeindruckt sein, mit der sich die Decks über den Rumpf erheben. Der oberste Raum von allen ist als Empfangssalon eingerichtet, in dessen Mitte ein kleiner Brunnen aus einem Bett aus Wasser entspringt Blumen. Dieser Teil des Schiffes liegt vierzig Fuß über dem Meeresspiegel. Die Wohnung ist luxuriös im Stil der Herrschaft Ludwigs XVI. eingerichtet. Der Salon ist in einem ebenso prächtigen Stil im krimtatarischen Stil eingerichtet; aber die restlichen kaiserlichen Gemächer weisen eine einfachere Dekoration auf. Hinter den Schornsteinen befindet sich ein weiteres Deckshaus, in dem sich die Kapitänsquartiere und Räume für den Großherzog Konstantin befinden. Man erkennt also, dass es sich bei der *Livadia* im wahrsten Sinne des Wortes um einen schwimmenden Palast handelt, ausgestattet und geschmückt mit jener fast östlichen Liebe zur prachtvollen Zurschaustellung, die das russische Volk charakterisiert .

Alle drei Schrauben, mit denen die *Livadia* ausgestattet ist, sind vollständig im Wasser versunken – eine weitere Neuheit in der Konstruktion des Schiffes. Eine oder sogar zwei dieser Schrauben könnten schwere Verletzungen erleiden und das Schiff bleibt dennoch beherrschbar.

Nachbarschaft , in der es stattfand, großes Interesse und Aufregung hervorrief . Eine angesehene Gesellschaft war Zeuge der Zeremonie, während die Menschenmenge, die die Ufer des Flusses Clyde säumte, 10.000 Menschen zählte. Drei Priester der griechischen Kirche hielten einen kurzen Gottesdienst ab und besprengten anschließend den Bug des Gefäßes mit Weihwasser. Nach Abschluss dieser Zeremonie erhielt die Yacht ihren Namen von der Herzogin von Hamilton und wurde dann zu Wasser gelassen. Der Stapellauf war ein voller Erfolg, die *Livadia* meisterte das Wasser in tapferer Manier, obwohl die Aufgabe aufgrund der großen Breite des kiellosen Schiffsbodens, der die zu überwindende Reibung erheblich erhöhte, eine überdurchschnittlich schwierige Aufgabe war. Beim Mittagessen, das die Verhandlungen des Tages abschloss, erklärte Herr Pearce, der Vorsitzende, der die Firma Elder and Company vertrat, dass das beim Bau der *Livadia angewandte Prinzip* wahrscheinlich für Kriegsschiffe nützlicher sein würde als für Handelsschiffe Schiffen, aber dass die Erbauer der letzteren auch wertvolle Hinweise aus dem Bau des neuen Schiffes ziehen könnten. Ob dies der Fall sein wird, muss die Zeit noch zeigen.

Eine höchst interessante Entdeckung eines nordischen Kriegsschiffes wurde kürzlich im Sandefjord in Norwegen gemacht. Es besteht kein Zweifel, dass es sich um ein Schiff von der Art handelt, mit dem die furchterregenden Freibeuter, die Nordmänner, vor zehnhundert Jahren die Küsten Großbritanniens und Frankreichs heimsuchten. Es wurde in der Erde vergraben gefunden und scheint das Grab eines großen Wikingerhäuptlings gewesen zu sein , der wahrscheinlich schon oft darin zum Schrecken und zum Schaden eines weniger kriegerischen und mächtigen Nachbarn hinausgesegelt war .

Das Schiff ist ungewöhnlich groß und sehr komplett ausgestattet. Seine Länge beträgt etwa fünfundsiebzig Fuß; An Bord wurden Segel, Takelage, eine Reihe von Schilden und andere Kampfinstrumente gefunden.

Kapitel vierzehn.

Der „Große Osten".

Das Dampfschiff *Great Eastern* verdient es, ohne jeden Zweifel als das achte Weltwunder angesehen zu werden. Sie ist derzeit bei weitem das größte Schiff der Welt und die großartigste Schöpfung der Marinearchitektur, die jemals auf dem Meer zu Wasser gelassen wurde.

Der Inhalt des folgenden Berichts über dieses interessante Schiff stammt hauptsächlich aus der Times und den Illustrated London News für 1859, dem Jahr, in dem die *Great Eastern* vom Stapel lief, sowie aus einer Broschüre, die mit Genehmigung der Eigner an Bord verkauft wurde .

Die *Great Eastern* war für die indische und australische Route am Kap der Guten Hoffnung vorgesehen. Das Ergebnis umfangreicher Erfahrungen in der Dampfschifffahrt hat gezeigt, dass die Größe des Schiffes (bei Verwendung von Dampf) im Verhältnis zur Länge der Reise stehen sollte. Herr Brunel, der talentierte Ingenieur, dessen Genialität und Beharrlichkeit dieses Monsterschiff seine Existenz verdankt, hat nach diesem Prinzip berechnet, dass die Reise nach Australien und zurück 22.500 Meilen beträgt – ein Schiff mit 22.500 Tonnen Last (oder einer Tonne Last für jede Meile). gedämpft zu werden), müsste so gebaut werden, dass es Treibstoff für die gesamte Reise transportieren kann, da es unmöglich ist, Kohle für ein solches Schiff in Zwischenhäfen zu beschaffen, ohne enorme Kosten zu verursachen.

Die Eastern Steam Navigation Company übernahm die Herkulesarbeit. Die Gesamtbaukosten wurden auf 804.522 Pfund geschätzt. Herr Brunel bereitete die Entwürfe vor. Am Ufer der Themse, im Bauhof des Unternehmens in Millwall, wurde ein Grundstück ausgewählt, und am 1. Mai 1854 wurde mit dem Bau nach den von Herrn Scott Russell festgelegten Richtlinien begonnen .

Jedes kleinste Detail der Anordnung und des Baus dieses Weltwunders ist voller Interesse. Die bloße Vorbereitung des Bodens für die Aufnahme ihres enormen Gewichts sollte den Geist der Menschen in Erstaunen versetzen. Ihre Stützen und Gerüste sowie die Maschinen, mit denen sie letztendlich in Bewegung gesetzt wurde, forderten die Fähigkeiten ihrer Ingenieure noch mehr als ihre Konstruktion. Rund um ihren Rumpf entstand eine wahre Stadt voller Werkstätten, Gießereien und Schmieden. und als diese sich Schritt für Schritt in all ihren gigantischen Ausmaßen erhob, verfielen die umliegenden Gebäude in die Bedeutungslosigkeit, und die geschäftige Menge der

Kunsthandwerker drängte sich um sie herum wie Ameisen um einen niedergestreckten Monarchen der Waldbäume.

Der Rumpf der *Great Eastern* besteht vollständig aus Eisen und ist vom Kiel bis zum Deck 680 Fuß lang, 83 Fuß breit und 60 Fuß hoch. Es ist quer in zehn separate Abteilungen von jeweils 60 Fuß unterteilt, die durch Schotte vollkommen wasserdicht sind und tiefer als das zweite Deck keine Öffnungen haben. während zwei Längswände aus Eisen, 36 Fuß voneinander entfernt, 350 Fuß der Länge des Schiffes durchziehen.

die Größe dieser Dimensionen besser erkennen können, wenn wir hinzufügen, dass die *Great Eastern* sechsmal so groß ist wie das Linienschlachtschiff Duke of Wellington und dass ihre Länge mehr als dreimal so hoch ist wie die Höhe des Monuments , während ihre Breite der Breite der Pall Mall entspricht und eine Promenade rund um das Deck einen Spaziergang von mehr als einer Viertelmeile ermöglicht.

Es gibt keinen eigentlichen Kiel, sondern stattdessen eine flache Kielplatte aus Eisen, etwa zwei Fuß breit und einen Zoll dick, die sich über die gesamte Länge vom Bug bis zum Heck erstreckt. Dies ist die Basis, auf der alles andere aufgebaut ist, Platten und Träger gleichermaßen. Die Eisenplatten, die ihre Beplankung bilden, sind dreiviertel Zoll dick. Bis zur Wassermarke besteht der Rumpf aus einer Innen- und einer Außenhaut, die 60 cm voneinander entfernt sind, wobei beide Häute aus 3/4-Zoll-Platten bestehen, mit Ausnahme des Bodens, wo die Platten 2,5 cm dick sind. und zwischen diesen verlaufen in Abständen von sechs Fuß horizontale Stege aus Eisenplatten, die die beiden Häute miteinander verbinden, und daher kann man sagen, dass der untere Teil des Rumpfes zwei Fuß zehn Zoll dick ist.

Diese Bauweise trägt wesentlich zur Sicherheit des Schiffes bei; denn im Falle einer Kollision auf See könnte die äußere Haut durchstoßen werden, während die innere intakt bleiben könnte. Dieser Raum kann auch jederzeit mit Wasser gefüllt und so Ballast in Höhe von 2500 Tonnen gewonnen werden.

Eine Vorstellung von der Größe und dem Gewicht des Schiffes lässt sich aus der Tatsache gewinnen, dass jede Eisenplatte etwa eine Dritteltonne wiegt und mit hundert Eisennieten befestigt ist. Bei ihrem Bau wurden etwa dreißigtausend dieser Platten und drei Millionen Nieten verwendet. Das Anbringen dieser Nieten war einer der vielen merkwürdigen Vorgänge, die im Laufe des Baus durchgeführt wurden. Die Nieter waren in Trupps organisiert, wobei jede Trupp aus zwei Nietern, einem Halter und drei Jungen bestand. Zwei Jungen waren am Feuer oder an der tragbaren Schmiede stationiert, einer mit dem Halter. Die Aufgabe dieses Jungen bestand darin, die glühende Niete mit seiner Zange von dem Jungen in der Schmiede entgegenzunehmen und sie in das dafür vorgesehene Loch zu stecken, wobei die Spitze etwa einen Zoll hervorragte. Der Halter legte sofort seinen schweren Hammer gegen den Kopf des Niets und hielt ihn dort fest, während die beiden Nieter mit abwechselnden Schlägen von vorne darauf einschlugen, bis der versenkte Teil des Lochs und dann der hervorstehende Kopf ausgefüllt waren wurde mit der Platte glatt abgeschnitten, der ganze Vorgang dauerte kaum eine Minute. Beim Nieten des doppelten Teils des Schiffes befanden sich der Halter und sein Junge notwendigerweise im inneren Teil der Röhren und verbrachten den ganzen Tag in dem engen Raum dazwischen (von zwei Fuß zehn Zoll Breite) in verhältnismäßiger Dunkelheit nur der Schimmer einer einzigen Tauchkerze und die unmittelbare Beeinträchtigung durch die ohrenbetäubenden Schläge der Nieter.

Das *Deck* der *Great Eastern* ist doppelt oder zellular, nach dem Plan der Britannia Tubular Bridge. Das Oberdeck verläuft vom Bug bis zum Heck bündig und frei, und wer es vom Bug bis zum Heck viermal auf und ab dreht, kommt über eine Meile weit. Die Stärke dieses Decks ist so enorm, dass es, wenn das Schiff mit all seiner Ladung, Passagieren, Kohlen und Proviant an Bord an seinen beiden Enden aufgenommen würde, das Ganze tragen würde. Das Deck wurde mit Teakholzplanken bedeckt und gehobelt und geschrubbt, bis es weiß wie ein Kriegsschiff war. Nicht einmal das Ende eines verirrten Seils bricht die wunderbare Wirkung seiner immensen Ausdehnung. Ihre Flotte kleiner Boote, etwa so groß wie Segelkutter, hängt an den Davits, zehn auf jeder Seite. Es gibt sechs Masten und fünf Schornsteine. Die drei mittleren Rahmasten sind aus Eisen. Sie wurden von Herrn Finch aus Chepstow hergestellt und sind die schönsten Exemplare von Masten, die jemals hergestellt wurden. Jedes besteht aus hohlem Schmiedeeisen in Längen von acht Fuß und ist im Inneren durch Membranen aus dem gleichen Material verstärkt. Zwischen den miteinander verschraubten Verbindungen wurde eine Unterlage aus vulkanisiertem Material angebracht Kautschuk , der dem gesamten Holm eine größere Federung und Auftrieb verleiht als Holz, während er gleichzeitig die gesamte Festigkeit des Eisens behält. Die anderen Masten bestehen aus Holz und die ausbreitebare Plane beträgt nicht weniger als 6500 Quadratmeter. An Deck befinden sich vier kleine Dampfwinden oder -maschinen, von denen jede zwei Kräne auf beiden Seiten des Schiffes betätigt. und mit diesen können fünftausend Tonnen Kohlen in vierundzwanzig Stunden in das Schiff gehoben werden.

Die *Motoren* und Kessel sind von enormer Kraft und Größe. Es gibt sowohl Schrauben- als auch Paddelmotoren, wobei erstere bis zu 6500 PS leisten kann, letztere bis zu 5000. Es gibt zehn Kessel und einhundertzwölf Öfen. Die Paddelmotoren, die von den Herren Scott Russell and Company hergestellt wurden, sind fast 40 Fuß hoch. Jeder Zylinder wiegt etwa 28

Tonnen und jedes Schaufelrad hat einen Durchmesser von 58 Fuß und ist damit erheblich größer als die Manege in Astley's Circus. Die Schraubenmotoren wurden von der Firma Watt and Company aus Birmingham hergestellt. Sie bestehen aus vier Zylindern mit einem Durchmesser von 84 Zoll und einem Hub von 4 Fuß. Der Schraubenpropeller hat einen Durchmesser von 24 Fuß und eine Steigung von 37 Fuß; und der Maschinenschacht ist 160 Fuß lang oder 12 Fuß länger als die Höhe der Duke of York's Column. Wenn die Paddel und die Schraube in ihrer höchsten Steigung zusammenarbeiten, üben sie eine Kraft von 11.500 Pferdestärken aus, was ausreicht, um alle Baumwollspinnereien in Manchester anzutreiben! Der Kohleverbrauch zur Erzeugung dieser Kraft wird auf etwa 250 Tonnen pro Tag geschätzt.

Neben diesen Motoren gibt es auch mehrere Hilfsmotoren zum Pumpen von Wasser in die Kessel usw.

Die Passagierunterkünfte im *Great Eastern* sind sehr umfangreich – nämlich 800 Passagiere der ersten Klasse, 2000 bis 4000 Passagiere der zweiten Klasse und etwa 1200 Passagiere der dritten Klasse; oder wenn nur Truppen eingenommen würden, könnte es 10.000 Mann aufnehmen.

Die Ausstattung der *Salons* erfolgt auf die aufwendigste und kostspieligste Art und Weise. Der Hauptsalon ist prächtig eingerichtet. Es wird gesagt, dass allein die Spiegel, Vergoldungen, Teppiche und Seidenvorhänge für diese Wohnung 3000 Pfund gekostet haben. In den Kojen wird natürlich auf eine aufwendige Dekoration dieser Art verzichtet, die Ausstattung ist aber gut und ausreichend luxuriös. Die Kojen sind in drei Klassen eingeteilt: die für Gruppen von sechs oder acht Personen, wobei es sich um große Räume handelt; diejenigen für Gruppen von vier Personen; und der Rest im üblichen Stil von Doppelkabinen. Alle sind für Kabinentypen sehr geräumig – sehr hoch, gut beleuchtet und die Außenkabinen außerordentlich gut belüftet. Auf dem Unterdeck sind die Kojen noch größer, höher und geräumiger als auf dem Oberdeck. Sowohl die Kojen als auch die Salons sind hier tatsächlich fast unnötig hoch und haben eine freie Fläche von fast fünfzehn Fuß. Die Küchen, Speisekammern und Spülräume sind alle im gleichen großzügigen Maßstab und mit allen großen kulinarischen Utensilien erstklassiger Hotels ausgestattet. Das Eishaus fasst über 100 Tonnen Eis; und die hohen Weinkeller – denn solche sind sie tatsächlich – enthalten genug Wein, um eine gute Fracht für einen Porto-Händler zu bilden.

Sonstiges : Zusätzlich zu den Booten der *Great Eastern* (zwanzig an der Zahl) trägt sie zwei kleine Schraubendampfer, jeder 100 Fuß lang, 16 Fuß breit, 120 Tonnen schwer und 40 PS stark, die hinter dem Paddel aufgehängt sind - Boxen.

Da die Stimme des Kapitäns auf halbem Weg zum Bug selbst mit Hilfe der alten Sprechtrompete nicht zu hören war, wird dieses Instrument tagsüber durch *Semaphorsignale und* nachts durch *farbige Lampen ersetzt;* Der *elektrische Telegraf* wird auch in Verbindung mit den Maschinenräumen verwendet. Es gibt zehn *Anker*, vier davon sind Trotmans Patent und wiegen jeweils sieben Tonnen. Die *Kabel* sind jeweils 400 Faden lang und wiegen zusammen 100 Tonnen. Die *Tonnage* der *Great Eastern* beträgt 18.500 Tonnen im Register und 22.500 Tonnen im Baumaß. Die *Besatzung* bestand zunächst aus dreizehn Offizieren, siebzehn Ingenieuren, einem Segelkapitän und einem Zahlmeister, vierhundert Mann und zwei oder drei Chirurgen, alle unter dem Kommando des verstorbenen Kapitäns W. Harrison (ehemals aus der Cunard-Linie). .

Der *Stapellauf* dieses Leviathans war ein äußerst gewaltiges Unterfangen und wurde mithilfe leistungsstarker hydraulischer Widder bewerkstelligt, die das Schiff über die Startbahnen trieben. Das Schiff ruhte auf zwei riesigen Wiegen und wurde seitlich die schiefe Ebene hinuntergedrückt, bis es auf dem Fluss schwamm. Durch eine komplizierte Technik wurde der Sinkflug des großen Schiffes so reguliert, dass es langsam und regelmäßig die Strecke hinunterfuhr. Es wurden mehrere erfolglose Versuche unternommen, es zu Wasser zu lassen, und mehrere der hydraulischen Widder gingen kaputt, bevor es auf dem Busen der alten Themse schwamm . und die Kosten allein für diese Operation sollen fast 100.000 Pfund betragen haben.

Die *Erprobung der* Schrauben- und Paddelmotoren fand zum ersten Mal am 8. August 1859 statt, als die Fertigstellung des Schiffes mit einem Bankett an Bord gefeiert wurde. Die ersten Bewegungen der gigantischen Kurbeln und Zylinder der Paddelmotoren erfolgten genau um halb eins, als die großen Massen sich langsam hoben und senkten, so lautlos wie die Motoren eines Greenwich-Bootes, aber in ihren Umdrehungen eine scheinbare Kraftanstrengung aufwiesen fast unwiderstehliche Kraft. Es gab keine Geräusche, keine Vibrationen und auch nicht das geringste Anzeichen einer Erwärmung. Der gewaltige Rahmen aus Eisenwerk erwachte sofort zum Leben und bewegte sich mit so viel Leichtigkeit, als ob jede Stange und jede Kurbel in den letzten zehn Jahren bearbeitet worden wäre.

Die *Probefahrt* der *Great Eastern* war ein Ereignis, das im ganzen Königreich großes Interesse erregte. Zum ersten Mal legte sie am Mittwochmorgen (dem 7. September) ihre Liegeplätze ab und erreichte am Donnerstag die Nore , wo sie für die Nacht ankerte, bevor sie zur See weiterfuhr. Am Freitagmorgen, zehn Minuten nach neun, startete sie zu ihrer ersten Salzwasserreise. Die Überzeugung von der extremen Stabilität des Schiffes muss jeden an Bord schnell erfasst haben. Es war keinerlei Bewegung wahrnehmbar. Das riesige Schiff wurde schnell von Yachten, Schleppern,

Fischerbooten und tatsächlich von einem Vertreter fast aller am Nore vorherrschenden Schiffstypen umzingelt . Diese begleiteten sie auf ihrem Weg so weit, wie es ihre begrenzten Segelfähigkeiten zuließen. Obwohl es fast während der gesamten Fahrt heftige Sturmböen und einen rauhen Seegang gab, verspürten keiner der Besucher die geringsten Unannehmlichkeiten, nicht einmal der gerechtere Teil der Passagiere. Der Morgen, der anfangs recht schön war, wurde plötzlich bewölkt, und die wechselnden Sturmböen nahmen an Heftigkeit zu. Obwohl das stürmische Wetter das Vergnügen aller an Bord dämpfte, bot es doch Gelegenheit, die Eigenschaften des Schiffes zu testen, jetzt sowohl unter Paddel als auch unter Schraube; und es war der Wunsch von Herrn Scott Russell und allen an Bord, einem guten Sturm zu begegnen. Bei einer moderaten Berechnung könnte die Entfernung vom Deck zum Wasser nicht viel weniger als vierzig Fuß betragen, während das Schiff fast siebenhundert Fuß lang ist. Dieses Gebiet würde der Kraft des Windes natürlich eine enorme Angriffsfläche bieten und Gegenstand erheblicher Diskussionen darüber sein, welche Auswirkungen dies auf ihre Seetüchtigkeit haben würde. Das Schiff war so steif und stabil, als ob es auf der Insel der Hunde immer noch auf seinen Wiegen bliebe, und sein Kurs war so ruhig und genau, als wäre es auf einem See ohne Wind.

Es wird gesagt, dass sie auf einem Teil der Reise 19 Meilen pro Stunde dampfte.

Die *Explosion* . – Alles lief gut, bis das Schiff Folkestone passiert hatte . Ungefähr um halb fünf Uhr, während sich die Mehrheit der Passagiere an Deck befanden und nur ein paar Herren im Speisesaal blieben, ereignete sich eine gewaltige Explosion, und augenblicklich regnete es zerbrochenes Glas , Holz- und Eisensplitter , krachte durch das Dachfenster. Die in der Kabine stürmten an Deck. Das Schiff drängte immer noch weiter; An beiden Enden war alles still und verlassen, während in der Mitte alles Rauch, Feuer, Dampf und Verwirrung war. Der acht Tonnen schwere große Schornstein war wie aus einem Mörser herausgeschossen worden und fiel in zwei Teile zerbrochen auf das Deck. Die ganze Mitte des Schiffes schien nur ein riesiger Abgrund zu sein, und aus ihm sprudelten Dampf, Staub und etwas, das wie eine beginnende Feuersbrunst aussah. Kapitän Harrison verhielt sich bei dieser schrecklichen Gelegenheit edel. Er hatte oben auf der Brücke gestanden und in die Zinne geschaut, und als er den Knall hörte, sprang er, während der zerstörerische Regen immer noch schnell niederging, auf das Deck und befahl, sofort zum Damensalon abzusteigen die feste Überzeugung, dass alle da waren wie am Vorabend. Doch viele der Männer gerieten in Panik und schreckten bereits vor der Explosion zurück. Ein törichter Passagier hatte den Ruf „Die Boote" laut gerufen und versuchte, unterstützt von einigen Matrosen, wie verrückt, sie im Stich zu lassen. In einem Moment wäre alles verloren gewesen; denn der Ansturm auf die Boote

wäre allgemein gewesen und Hunderte wären ertrunken, während das edle
Schiff der sicheren Zerstörung preisgegeben worden wäre. Aber die Stimme
des Kapitäns war wie eine Trompete zu hören und rief: „Männer, erfüllt eure
Pflicht; Offiziere, zu Ihren Posten; Gib mir ein Seil und lass mir sechs
Männer folgen!" Die Wirkung dieser kurzen Ansprache war elektrisierend.
Im Handumdrehen war er, gefolgt von seinem tapferen Bootsmann
Hawkins, am Seil in den Saloon gerutscht, und sechs Freiwillige wurden für
die verlassene Hoffnung nicht mehr lange gebraucht. Eines nach dem
anderen schlug er die vergoldeten Tafeln auf; Aber die prächtige Wohnung
hatte seltsamerweise nur zwei Bewohner: seine kleine Tochter Edith und
ihren Hund. Es war der Lohn seiner Tapferkeit, dass sein eigenes Kind auf
diese Weise durch die Vorsehung gerettet wurde. Aber selbst dann verlor er
keinen Moment seine Selbstbeherrschung. Er schnappte sich das Kind,
erkannte auf den ersten Blick, dass es unversehrt war, und rief: „Geben Sie
es an Deck. Es müssen noch mehr Räume durchsucht werden." Auf diese
Weise bewegte er sich schnell, aber kühl, und kehrte erst wieder an Deck
zurück, als er sich davon überzeugt hatte, dass sich keine einzige Frau in der
brennenden, dampfenden, erstickenden Kammer befand. Sein enger Freund,
Mr. Trotman, der ihm fast sofort nach unten gefolgt war, fand den armen
Schoßhund stöhnend unter einem Trümmerhaufen und war der Weg, ihn
seiner kleinen Herrin zurückzugeben.

Der prächtige Salon bestand aus einer Ansammlung zerrissener und
zerbrochener Möbel, Spiegel und Ziergegenstände. Wären die Passagiere
nach dem Abendessen in dieser Wohnung statt auf dem Deck geblieben,
wären die Folgen schrecklich gewesen.

Ein Augenzeuge beschreibt den Ort der Verwüstung wie folgt:

„Die Spiegel, die die Abdeckung des Trichters bildeten, der so viel Unheil
verursacht hatte , wurden buchstäblich in Atome zerschmettert, und große
Bruchstücke des zerbrochenen Glases wurden weit hinter den
Schaufelrädern auf das Deck geschleudert. " Die ornamentalen bronzierten
Säulen, die die vergoldeten Gesimse und kunstvollen Verzierungen trugen,
wurden entweder niedergeschlagen oder in die phantastischsten Formen
gebogen; der Bodenbelag, bestehend aus drei Zoll dicken Brettern, war an
mehreren Stellen aufgewölbt; die Gänge, die zu den seitlichen Schlafkabinen
führten, wurden weggeschossen; Die Handläufe waren verschwunden und
der elegante Teppich war unter einem Chaos aus Schmuckstücken verborgen.
Die Bücher in den Regalen der Bibliothek blieben unberührt; das Klavier
wurde zur Seite geworfen; und der Boden wies riesige Erhebungen und Risse
auf, durch die man die noch größere Ruine in der unteren Kabine sehen
konnte. Unterhalb des Salons oder Salons befindet sich der Salon des
Unterdecks, der natürlich von demselben Schornstein durchzogen war wie

der darüber liegende. Auf jeder Seite dieser geräumigen Salons führten kleine Treppen zu Blöcken mit Schlafkabinen, von denen kaum eine ohne ihre zwei oder mehr Bewohner ein paar Stunden später am Abend gewesen wäre. Sie waren nun wie ein Kartenhaus eingestürzt. Die Möbel, die sie enthielten, bildeten Haufen von verrutschten Stühlen, Waschtischen und Becken; die Türen waren aus den Angeln, die Trennwände wurden nach außen gedrückt, die Treppen, die zu ihnen führten, mussten in den Splittern und gebrochenem Holz gesucht werden, die in Haufen im unteren Salon lagen."

Die unglücklichen Männer, die in den Heizlöchern arbeiteten und die Öfen betreuten, waren die Leidtragenden dieser Katastrophe. Man ging davon aus, dass einer der Kessel explodiert war, und befürchtete, dass die gesamte Gruppe der Heizer und Ingenieure, die an den Paddelmotoren arbeiteten, getötet werden könnte. Herr Trotman ging den Luftschacht hinunter und kommunizierte mit den anderen Kesseln. Als er im Licht der Öfen eine Reihe von Männern sah, die sich umher bewegten, erkundigte er sich, ob es ihnen gut ginge, und die Antwort, die aus den tiefsten Tiefen des Schiffes heraufgesendet wurde, war: „Im Moment ist alles in Ordnung, aber wir wissen nicht, wie lange." ." Ihnen wurde gesagt, sie sollten ruhig bleiben und bleiben, wo sie waren; dass sie an Deck keinen Nutzen mehr haben könnten und in wenigen Minuten alles wieder in Ordnung sein würde. Die tapferen Kerle blieben mit entschlossenem Wohlwollen an ihren Feueröfen. Bei den Feuerwehrleuten, die die andere Kesselgruppe betreuten, ereignete sich eine ganz andere Szene. Seile wurden heruntergeworfen, und nach und nach wurden verwundete, blutende und taumelnde Männer herangezogen, deren schwarze, schmutzige Gesichter einen gespenstischen Kontrast zu den verbrühten Teilen ihrer Gliedmaßen und Körper bildeten. Die Männer wurden achtern ins Krankenhaus und in die Hütten gebracht, wo Matratzen und Decken für sie ausgelegt wurden.

Zwei oder drei dieser armen Kerle gingen fast, wenn nicht ganz, ohne Hilfe an Deck. Ihr Anblick erzählte eine eigene Geschichte, und niemand, der jemals zuvor in die Luft gesprengte Männer gesehen hatte, konnte auf den ersten Blick erkennen, dass einige nur noch zwei oder drei Stunden zu leben hatten. Wo sie nicht durch Rauch oder Asche verschmutzt waren, verriet das eigentümliche helle, sanfte Weiß des Gesichts, der Hände oder der Brust sofort, dass die Haut, obwohl intakt, tatsächlich durch den Dampf gekocht worden war. Ein Mann ging entlang und schien sich überhaupt nicht bewusst zu sein, dass das Fleisch seiner Schenkel (höchstwahrscheinlich durch die Asche aus dem Ofen) in tiefen Löchern verbrannt war. Zu jemandem , der ihm zu Hilfe kam, sagte er ruhig: „Mir geht es gut. Es gibt andere, die schlimmer sind als ich; Geh und kümmere dich um sie." Dieser arme Mann war der Erste, der starb. Es war sofort klar, dass für viele, wenn nicht die Mehrheit der Leidenden, es waren zwölf an der Zahl, nur wenig Hoffnung bestand. Die meisten von ihnen schienen sehr unruhig und fast, wenn nicht ganz, im Delirium zu sein; Aber einige von denen, deren Verletzungen eher unmittelbar zum Tod führten, blieben still, halb bewusstlos oder verlangten höchstens, zugedeckt zu werden, als würden sie die Kälte spüren. Denn diese wussten alle, dass überhaupt nichts getan werden konnte, da sie tatsächlich im Sterben lagen.

Die Explosion ereignete sich im Doppelmantel am Boden eines der Schornsteine. Wir haben nicht den Raum, dies genau zu beschreiben, und der allgemeine Leser würde die Beschreibung, wenn sie gegeben würde, kaum verstehen; Es ist jedoch angebracht, darauf hinzuweisen, dass das Maschinenteil, das den bedauerlichen Unfall verursachte, zuvor von kompetenten Richtern scharf verurteilt worden war, und es besteht kein Zweifel daran, dass das Heißwassergehäuse um den Trichter nie hätte vorhanden sein dürfen.

Nach der Katastrophe behielt die *Great Eastern* ihren Kurs bei, als wäre nichts geschehen, obwohl die Wucht der Explosion ausreichte, um jedes andere Schiff auf Grund zu treiben. Der Schaden wurde auf 5000 Pfund geschätzt. Sie kam am 10. in Portland an und blieb dort einige Zeit, um Reparaturen durchzuführen. Anschließend setzte sie ihre Probefahrt nach Holyhead fort , wo sie am 10. Oktober ankam. Die Ergebnisse des Prozesses waren, mit Ausnahme des Unfalls natürlich, äußerst zufriedenstellend. Ihre Geschwindigkeit war unter ungünstigen Umständen gut gewesen, und ihre Motoren hatten bewundernswert funktioniert. Gegen den Gegenwind bewegte sie sich so ruhig wie im Hafen , doch bei querab gerichtetem Wind rollte sie erheblich. Alles in allem gab es gute Gründe zu hoffen, dass die *Great Eastern* die zuversichtlichen Erwartungen ihrer wärmsten Bewunderer erfüllen würde.

Der folgende Bericht über die Fortsetzung ihrer Probefahrt von Portland nach Holyhead , wie er der *Times entnommen wurde* , ist überaus interessant: Als der Dampf hoch war und alles für den Start in Portland bereit war, wurde die Besatzung nach vorne geschickt, um den Anker zu lichten. Achtzig Mann reichten aus, um die *Great Eastern* bis zu ihren Liegeplätzen und darüber zu ziehen. Allerdings war es nicht so einfach, den Anker aus dem Boden zu holen; und erst als alle musikalischen Ressourcen, die den Seeleuten bei solchen Gelegenheiten zur Verfügung standen, nahezu erschöpft waren, wurde der hartnäckige Kritikpunkt von Trotmans Patent gelöst, als eine langsame Drift mit der Flut zeigte, dass das große Schiff wieder freigelassen wurde. Eine weitere Minute später, ohne Geschrei, Verwirrung oder Eile jeglicher Art und mit weniger Lärm als ein 100-Tonnen-Küstenmotorschiff, zeigte eine leichte Vibration im Schiff mit einer dünnen Schaumlinie achtern, dass die Schraubenmotoren funktionierten bei der Arbeit und das Schiff ist wieder unterwegs. Mit solch einer Leichtigkeit, mit so vollkommener Ruhe und guter Ordnung wurde alles erledigt, dass der gelegentliche Jubel der Jachten und Dampfer fast das erste Zeichen für die an Bord war, dass die Probefahrt begonnen hatte . Um Viertel vor vier war der „Weg" auf dem Schiff schnell; ihr Kopf drehte sich, als würde sie ein Vergnügungsboot wenden; und es gab so wenig Anzeichen dafür, dass das Schiff unter Dampf stand, dass es eher so aussah, als ob der Wellenbrecher abgedriftet wäre und langsam vorbeischwimmte, als dass das Monsterschiff tatsächlich die blauen Wellen mit einer Kraft spaltete, die uns bis jetzt nicht bekannt war Ich habe keinen Wind oder See gesehen, dem ich widerstehen oder entgegenwirken könnte. Sobald der Anker gefischt war, gab Kapitän Harrison den Befehl, mit beiden Maschinen mühelos vorwärts zu dampfen, und die Räder begannen sich zu drehen, zunächst langsam, hinterließen aber dennoch eine Schaumspur auf dem Wasser, wie sie es beim ersten Start nie getan hatten Deptford bis zum Nore . Der Geschwindigkeitszuwachs durch die Betätigung der Paddel war zunächst nur gering; Dies lag jedoch nicht an einem Mangel an Leistung, sondern einfach an der Tatsache, dass beide Motoren auf langsame Arbeit angewiesen waren und das große Schiff zwar mit etwa elf Knoten antrieben, in Wirklichkeit aber kaum die angegebene halbe Geschwindigkeit erreichten.

Als wir Portland verließen, war es notwendig, beim Verlassen des Wellenbrechers eine ziemliche Kehrtwende zu machen, da sich direkt vorn am Steuerbordbug ein kleines Feuerschiff befand, das wie das Skelett eines Schiffes aussah und die Anwesenheit einer gefährlichen Untiefe anzeigte, die von bekannt war der passendste und bezeichnendste Name für „The Shambles". Darin lag ein langer und trüber Kamm aus wütendem Wasser, auf dem die Rasse von Portland verlief und wo eine tiefe, rollende Dünung, wie im Golf von Biskaya in verkleinertem Maßstab, immer wieder stürzte und sich in Gischt auflöste wie Schneeverwehungen gegen die Höhe. karge Klippen. Es war jedoch nicht erforderlich, die niedrigen grünen Wasserhügel, die an die Küste zu stoßen schienen, tatsächlich zu beobachten, um alle an Bord davon zu überzeugen, dass sich die *Great Eastern* auf See befand. Zur unendlichen Erleichterung und zum Trost aller Passagiere begann das Schiff, der Vernunft nachzugeben und sich so weit wie ein anderes Schiff zu verhalten, wie es aufgrund seiner Größe nur möglich war. Es wäre übertrieben zu sagen, dass sie zu diesem Zeitpunkt gerollt war; Denn wenn die *Great Eastern* rollt, wenn sie jemals rollt, können sich Reisende darauf verlassen, dass sie in dieser eigentümlichen Art der Seeschifffahrt etwas vollbringt, das ganz im Verhältnis zu ihrer Masse steht; Eines ist jedoch sicher: Sie bewegte sich ausreichend hin und her, um zu zeigen, dass sie auf die Bewegung des Wassers empfänglich war, und dass sie, wenn sie jemals über ein breites Meer dampft, sich wahrscheinlich mit Willen dorthin bewegen wird langsam und leicht.

Great Eastern fuhr eine beträchtliche Zeit lang unter etwas mehr als halber Dampfgeschwindigkeit und schaffte durchschnittlich mehr als dreizehn Knoten (fünfzehn Meilen) pro Stunde. Der beste Hinweis auf die Schnelligkeit des Schiffsfortschritts war die Art und Weise, wie es schnellsegelnde Schoner passierte und die Dampfer überholte. Zu diesem Zeitpunkt hatte fast die gesamte Dünung aufgehört, und das Monsterschiff raste über das, was für sie Nachahmungswellen waren, und hinterließ weniger Kielwasser auf dem Wasser, als es auf der Themse durch ein Gravesend-Boot verursacht wird. Die einzige Besonderheit an ihrem Vorankommen waren die drei deutlichen Linien aus schaumigem Wasser, die die Schraube und die Paddel bildeten und die sich im klaren Mondlicht wie eine breite Straße ausdehnten und den Eindruck erweckten, als hätte die *Great Eastern* ihr Ziel erfüllt und tatsächlich eine Brücke über die Küste geschlagen Meer.

Über einen beträchtlichen Teil der Strecke arbeiteten die Paddel problemlos mit neun bis zehn und die Schraube mit zweiunddreißig bis vierunddreißig Umdrehungen pro Minute. Es wird den meisten Lesern eine bessere Vorstellung von der enormen Größe und Geschwindigkeit der Motoren geben, die so leicht funktionierten, wenn es heißt, dass die Schaufelräder bei zehn Umdrehungen mit etwa 1600 Fuß pro Minute durch das Wasser rasten , und die Schraube drehte sich mit 2500. Dabei betrug der Treibstoffverbrauch für beide Motoren 250 Tonnen pro Tag, die angegebene Leistung lag bei über 5000 Pferden – etwa 2000 Pferde für die Paddel und etwas über 3500 für die Schaufelräder die Schraube. Um jedoch sicherzustellen, dass es unter solchen Umständen mit voller Geschwindigkeit weiterfahren konnte, hätte das große Schiff am Heck mindestens 18 Zoll tiefer sein müssen, als es tatsächlich war, denn nicht weniger als einen Fuß der Schraubenblätter waren herausgefahren das Wasser, und der Schlupf bzw. Leistungsverlust war natürlich sehr groß. Vor der Küste von Cornwall verursachte der Wellengang, dass sie sehr stark rollte, solange sie sich in Querrichtung des langen Wellengangs befand.

Bald darauf wurde direkt unter dem Steuerbordbug eine kleine Brigg gesehen. Wie bei diesen kleinen Küstenschiffen üblich, zeigte sie kein Licht und hielt nicht Ausschau, und ohne die ängstliche Wachsamkeit an Bord des großen Schiffes wäre die Brigg in zwei Minuten länger unter den Wellen gewesen. Ihr Entkommen war knapp genug, und nur das sofortige Abstellen der Motoren und das tatsächliche Umkehren der Schraube retteten sie vor der schnellen Zerstörung. Sie trieb innerhalb von zwanzig Yards unter dem Steuerbordpaddel hervor – ziemlich nah genug, dass Kapitän Harrison mit ihrem Kapitän sprechen und eine sehr deutliche Meinung über seinen Navigationsstil und sein Verhalten im Allgemeinen äußern konnte.

Gegen Ende der Reise wurden alle Segel vorn und hinten gesetzt. Das Aussehen ihrer riesigen Leinwand und die außergewöhnliche Wirkung, die sie hervorrief, wenn man am Steuerhaus stand und unter die lange Aussicht auf braune Segel blickte, die bis zum Äußersten gespannt waren und den Wind mit dem anhaltenden Brüllen eines Vulkans herbeistießen , war etwas fast Unbeschreibliches. Keine bloße Beschreibung könnte eine angemessene Vorstellung von der seltsamen Wirkung der langen, ununterbrochenen Allee aus Masten, Segeln und Schornsteinen vermitteln – wie eine ganze Straße von Dampfschiffen, wenn ein solcher Begriff angemessen ist.

Das Tempo während der gesamten Reise war sehr zufriedenstellend. Unter Berücksichtigung der mangelnden Trimmung des Schiffes und der daraus resultierenden fehlenden Eintauchtiefe sowohl in die Schraube als auch in die Paddel wurde auf der Grundlage dieser Daten von allen an Bord befindlichen nautischen Behörden berechnet, dass das Schiff in ordnungsgemäßem Zustand betriebssicher sein könnte auf einer langen Reise mit einer Geschwindigkeit von achtzehn Meilen pro Stunde und nur unter Dampf. Dass es bei starkem und günstigem Wind zeitweise achtzehn Knoten oder mehr als einundzwanzig Meilen pro Stunde schaffte, daran bestand kein Grund zu zweifeln.

Zu den weiteren Prüfungen, denen die *Great Eastern* ausgesetzt war, gehörte der schreckliche Sturm vom 25. und 26. Oktober desselben Jahres (1859), bei dem die *Royal Charter* scheiterte. Während dieses Sturms lag sie im Hafen von Holyhead vor Anker . Der Sturm war so heftig, dass ein großer Teil des Wellenbrechers zerstört wurde und mehrere Schiffe im Hafen untergingen , während einige an Land getrieben wurden. Eine Stunde lang war das große Schiff der Zerstörung so nah wie nie zuvor. Ihre Rettung unter Gott war der Erfahrung und Energie von Kapitän Harrison und seinen Offizieren zu verdanken. Während des gesamten Sturms war der Kapitän auf der Hut, ließ die Führung prüfen, um zu sehen, ob das Schiff schleppte, und hielt den Dampf aufrecht, um jederzeit bereit zu sein, in See zu stechen. Der Sturm toste und pfiff mit unbeschreiblicher Heftigkeit durch die Takelage. Als der Kapitän versuchte, über das Deck zu gelangen, wurde er zu Boden geworfen und sein wasserdichter Mantel zerfetzte. Die Oberlichter der Kabinen wurden mit einem fürchterlichen Krachen aufgerissen, das Glas zerbrach und Regen- und Gischtströme ergossen sich in die Salons. Zwei Anker waren ausgefallen, einer sieben Tonnen, die anderen drei, mit achtzig bzw. sechzig Klaftern Kette; Aber der Boden war bekanntermaßen schlecht und das Leeufer felsig, während die Wellen sich windend und windend in den Hafen stürzten , die Kabel aufs Äußerste belasteten und wie Schneelawinen gegen die Felsen prasselten. Der Schlag dieser Wellen auf dem Wellenbrecher war wie das Brüllen der Artillerie. Die ganze Zeit über leuchtete das rote Licht am Ende des Wellenbrechers fröhlich inmitten des Gischtwirbels. Schließlich gaben große Teile des Holzwerks und des massiven Mauerwerks nach. Der Sturm erreichte seinen Höhepunkt und eine gewaltige Woge rollte herein; es ragte hoch über den Wellenbrecher auf; es fiel, und das rote Licht war nicht mehr zu sehen. Die Gefahr war nun unmittelbar. Die Kabel hielten offenbar nicht mehr aus, und der Sturm nahm zu; Also wurde die Schraube in Gang gesetzt, aber der Holzsplitter vom Wellenbrecher verunreinigte sie und brachte sie zum Stillstand. Dann drehte der Wind weiter nach Nordosten und sandte einen enormen Wellengang in den Hafen , und die *Great Eastern* begann stark zu rollen. In diesem Extremfall wurden die Paddelmotoren in Gang gesetzt und das Schiff bis zu seinen Ankern gebracht, von denen einer angehoben wurde, um ihn in einer besseren Position fallen zu lassen. In diesem Moment teilte sich das Kabel des anderen Ankers, und das große Schiff trieb schnell auf eine scheinbar sichere Zerstörung zu. aber der schwere Anker wurde losgelassen und die Maschinen liefen auf Hochtouren. Sie drehte sich mit dem Kopf in den Wind und wurde hochgezogen. Dies war der Wendepunkt. Der Sturm ließ langsam nach und die *Great Eastern* wurde gerettet, während die Küsten und der Hafen um sie herum mit Wracks übersät waren.

Nach dem Sturm trat die *Great Eastern* ihre Rückreise nach Southampton an, das sie am Morgen des 3. November sicher erreichte. Dabei wurde das mächtige Schiff, wie auch bei ihren früheren Erfahrungen, auf die Probe gestellt und ihre Vor- und Nachteile wurden in gewisser Weise bestätigt. Gleich zu Beginn versagte das Dampfgerät, das beim Heben der Anker half, und einer der Anker, der sich nicht loslassen ließ, brach in zwei Hälften. Der Kondensator der Paddelmotoren scheint sich bei dieser Reise als zu klein erwiesen zu haben. Eine Zeit lang segelte sie mit vollkommener Stabilität gegen den steifen Gegenwind und die See – was mittlerweile als die Stärke des großen Schiffes bekannt ist; doch als sie in den Kanal gelangte, rollte sie langsam, aber bestimmt, als würde sie sich verneigen – und majestätisch die Macht des echten Wellengangs des Atlantiks anerkennen. Auch hier überflutete tatsächlich eine Welle ihren hoch aufragenden Rumpf und schickte eine Menge *grünes* Wasser an Bord! Aber ihre Rolle war einzigartig und wunderbar einfach.

Das Schiff schaffte achtzehn Knoten pro Stunde. Sie hatte selbst in engen und verzweigten Gängen die perfekte Kontrolle und überstand diese stürmische Zeit ihrer Kindheit trotz ihrer vielfältigen Missgeschicke und Prüfungen mit Bravour.

Katastrophe für die „Great Eastern" im September 1861. – Nach drei erfolgreichen Reisen nach Amerika begann die Great Eastern nach all ihren Schwierigkeiten, ihren Ruf zu festigen, die Hoffnungen ihrer Freunde zu bestätigen und die Kritiken ihrer Feinde zum Schweigen zu bringen. Als das Unglück, das ihr von der Wiege an zuteil geworden war, sie erneut überwältigte und das Vertrauen in ihre Fähigkeiten, das die Öffentlichkeit erst langsam zu entwickeln begann, erschütterte, wenn nicht sogar ganz zerstörte.

Es gibt nichts, was schwieriger zu ermitteln ist als der wahre Sachverhalt – in Bezug auf Schuld, zufällige Umstände, inhärente oder zufällige Schwäche, Fahrlässigkeit, unvermeidbare Risiken usw. – bei einer solchen Katastrophe wie der, die dem großen Schiff im September widerfuhr 1861. Und nichts könnte unfairer sein, als über sie zu urteilen, ohne die kleinsten Einzelheiten vollständig zu kennen und darüber hinaus ziemlich gut in der Lage zu sein, diese Einzelheiten und ihre verschiedenen Beziehungen zu verstehen. Bevor wir mit der Erzählung des erwähnten Ereignisses fortfahren, können wir anmerken, dass zwar einerseits mit großer Plausibilität argumentiert werden kann, dass ihre zahlreichen Katastrophen und Unglücke beweisen, dass sie für die Schifffahrt auf dem Meer ungeeignet ist, andererseits aber auch die Tatsache, dass das Schiff mit großer Plausibilität argumentiert werden kann Andererseits lässt sich mit ebenso großer Glaubwürdigkeit argumentieren, dass die bloße Tatsache, dass sie solche entsetzlichen Prüfungen unbesiegt, wenn auch mit Schlägen überstanden hat, ein starker mutmaßlicher Beweis dafür ist, dass sie für ihre Arbeit hervorragend geeignet ist, und zwar unter normalen Umständen Und *mit der richtigen* Führung würde sie es gut machen. Man geht davon aus, dass jedes andere schwimmende Schiff gesunken wäre, wenn es *unter ähnlichen Umständen* demselben Sturm ausgesetzt gewesen wäre . Es muss bedacht werden, dass andere Schiffe den gleichen Sturm zwar erfolgreich überstanden haben, dies jedoch nicht ohne Ruder und Ruderstangen, mit neuen Kapitänen und einem Teil ihrer Mannschaften und mit Kettenkabeln, Kabinenmöbeln, und anderes Material so völlig ungesichert zurückgelassen, als wäre es ein Flussdampfer gewesen, der zu einer ein paar Stunden dauernden Reise aufbrechen würde.

, verließ die *Great Eastern Liverpool mit 400 Passagieren und einer großen, wenn auch nicht vollständigen Stückgutladung in Richtung Amerika.* Zwischen 100 und 200 der Passagiere belegten die Schlafplätze in den Hauptkabinen; Der Rest war in den Zwischen- und Zwischenkabinen untergebracht.

Alles verlief gut, bis das Schiff am Donnerstag, als es mit Volldampf und Segel unterwegs war, etwa 280 Meilen westlich von Cape Clear in einen schrecklichen Sturm geriet und es ihm trotz bester Seemannschaft nicht gelang, über den See zu fahren Sturm, der mit ungeheurer Heftigkeit beide

Paddel wegfegte. Gleichzeitig wurde plötzlich die Spitze des Ruderpfostens, eine eiserne Stange mit einem Durchmesser von zehn Zoll, abgerissen, und als auch ihre Ruderanlage mitgerissen wurde, legte sie sich wie ein riesiger Baumstamm in den Meeresgrund und blieb dort liegen. Von Donnerstagabend bis Sonntag um zwei Uhr rollte sie wie ein behindertes Schiff umher, während ihre Schanzkleider fast das Wasser berührten, und die Passagiere und die Besatzung rechneten jeden Moment damit, dass sie untergehen würde. Die Bewegung und das Rollen des Schiffes brachten in einem Augenblick des Schreckens alle Möbel der Kajüte und der Salons auseinander und zerstörten sie, zerschmetterten sie und warfen die Passagiere durcheinander in der Kajüte. Alles, was sich auf dem Oberdeck befand, wurde weggespült und ein großer Teil des Gepäcks der Passagiere zerstört. Zwischen zwanzig und dreißig der an Bord befindlichen Personen, darunter mehrere Damen, hatten gebrochene Gliedmaßen und Rippen sowie zahlreiche Schnittwunden und Prellungen. Einer der Kuhställe mit zwei Kühen darin wurde zusammen mit anderen Dingen an Bord in die Damenkajüte gespült und verursachte unbeschreibliche Bestürzung und Verwirrung.

Am Sonntagabend, nach zwei Tagen schrecklicher Spannung, wurde eine provisorische Ruderanlage eingebaut, und das havarierte Schiff und seine in Not geratene Besatzung machten sich auf den Weg nach Cork Harbor, wobei die Schraube mit neun Knoten pro Stunde dampfte . Ihre Notflagge wurde am Dienstag gegen drei Uhr nachmittags vor dem Old Head of Kinsale gesichtet, und das britische Schiff „ *Advice* " eilte ihr sofort zu Hilfe und schleppte sie bis auf eine Meile an den Leuchtturm vor Cork Harbour heran gegen neun Uhr.

Dies ist ein allgemeiner Überblick über diese Katastrophe, der umso bemerkenswerter ist, als das Schiff erst kürzlich von den Beamten der Marineabteilung des Handelsministeriums besichtigt wurde, als neue Decks und andere Anforderungen durchgeführt wurden und für 15.000 Pfund fertiggestellt.

Die Szene während des Sturms im Grand Saloon, wie sie von verschiedenen Passagieren ausführlich beschrieben wurde, war absolut grandios. Keines der Möbel war gesichert, und als der Sturm heftiger wurde und das Rollen des Schiffes zunahm, wurden Anrichten, Tische, Stühle, Hocker, Geschirr, Sofas und Passagiere mit furchtbarer Gewalt in einem chaotischen Haufen hin und her geschleudert. Wenn gesagt wird, dass bei jedem Rollen die obere Plattform der Paddelkästen ins Meer eintauchte, kann sich jeder, der die hoch aufragenden Seiten der *Great Eastern gesehen* hat, eine Vorstellung von der Neigung der Decks und dem Aufruhr der nicht befestigten Gegenstände machen setzte sich unten während des größten Teils des Sturms fort. Die

Zerstörung war allumfassend. Der größte Spiegel im großen Salon, der etwa zwölf Fuß hoch war, wurde von einem Herrn, der kopfüber hineinstürmte, in Stücke gerissen. Obwohl er viele Prellungen und Schnittwunden erlitt, war es seltsam, dass er nicht ernsthaft verletzt wurde. Die Kronleuchter fielen von der Decke, und das Krachen, das sie beim Fallen verursachten, verstärkte den allgemeinen Lärm. Einer der anderen Spiegel wurde von einem großen Ofen zertrümmert. Einige der Passagiere, die aus dem Speisesaal flüchteten, wurden gegen die eisernen Balkone geschleudert, die unter dem Druck nachgaben, und als sie auf den Glasboden an den Seiten fielen, zerschlugen sie das Ganze in Atome. Der Lärm und Aufruhr der Zerstörung unten, zusammen mit dem Heulen des Sturms oben und dem Spritzen der Gischt über die Decks, von wo sie in großen Strömen in die Kabinen floss, bildeten eine Szene, die nur von denjenigen, die sie miterlebt haben, vollständig verstanden werden kann .

An Deck war die Verwirrung gleichermaßen groß und zerstörerisch. Viele der Boote wurden weggetragen. Die großen Kettenseile rollten von einer Seite zur anderen, bis sie durch die Reibung tatsächlich blank poliert waren, während sie für die Besatzung bei der Erfüllung ihrer Aufgaben eine ständige Gefahr darstellten. Die Öltanks lösten sich und fielen, nachdem sie eine Zeit lang hin und her taumelten, durch die obere Luke nach unten. Und die beiden Kühe, die mit ihrem Kuhstall in die Damenhütte fielen, wurden durch die Gewalt des Stoßes getötet. Der Chefkoch wurde gegen einen der Paddelkästen geschleudert, und als er seine Hand ausstreckte, um sich zu retten, wurde sein Handgelenk verstaucht. Dann wurde er auf die andere Seite geschleudert und als er gegen eine Stütze im Weg stieß, brach er sich an drei Stellen das Bein. Eine Frau hatte einen Rippenbruch; bei einem anderen wurde die Schulter ausgerenkt; ein anderer ihr Handgelenk. Dies sind nur Exemplare, die ausgewählt wurden, um zu zeigen, was die armen Menschen ertragen mussten. Es wird gesagt, dass es insgesamt zweiundzwanzig Brüche bei Passagieren und Besatzungsmitgliedern sowie unzählige Schnittwunden und Prellungen gegeben habe. Die Hütten waren bis zu einer Tiefe von mehreren Fuß überflutet und überall schwammen zerbrochene Möbelstücke. Das Gepäck im Gepäckraum, das nicht gesichert war, wurde umhergeschleudert, bis Koffer, Kisten, Koffer usw., die gegeneinander und gegen die Seiten des Abteils schlugen, völlig zerstört wurden – sogar das Leder der Koffer in kleine Stücke gerissen werden.

Während dieser schrecklichen Szene benahmen sich die Passagiere, mit ein oder zwei Ausnahmen, bewundernswert. Besonders die Damen zeigten großen Mut und blieben, den ihnen mitgeteilten Wünschen entsprechend, in ihren Kabinen; während die Herren ihr Bestes taten, um für Ordnung zu sorgen. Am Freitag ernannten sie eine Art Komitee oder eine Polizeitruppe von mehr als zwanzig Mann, die abwechselnd die Aufgabe übernahmen, das

Schiff zu umrunden, für Ordnung zu sorgen, den Damen und Kindern Informationen zu übermitteln und sie zu beruhigen. Nur vier von ihnen, die sich Direktoren nannten, hatten das Privileg, während des Sturms mit dem Kapitän zu sprechen – und ersparten ihm so den Ärger wiederholter und endloser Befragungen.

Auch die Besatzung hat ihre Pflicht edel erfüllt. Kapitän Walker handelte die ganze Zeit mit Ruhe, Mut und gutem Urteilsvermögen; und aus dem Tenor der Beschlüsse, die auf einer Empörungsversammlung gefasst wurden, die von den Passagieren nach ihrer Rückkehr in den Hafen abgehalten wurde, geht hervor, dass sie ihn völlig von jeder Schuld in Bezug auf die Katastrophe entlasteten. Der Einbau der provisorischen Ruderanlage, der am Sonntag, als der Sturm nachließ, begonnen wurde, war eine sehr schwierige und gefährliche Arbeit. Dies gelang vor allem dem Mut und der Klugheit zweier Männer – John Carroll und Patrick Grant –, die sich freiwillig dafür meldeten und unter der unmittelbaren Gefahr ihres Lebens über das Heck hinabgelassen wurden; und ein amerikanischer Herr, Herr Towle, ein Bauingenieur, leistete große Hilfe bei der Überwachung und Leitung der Arbeiten.

Erst um zwei Uhr am Sonntagmorgen bekam das Schiff in seinen Schraubenkesseln Dampf und steuerte den Hafen von Cork an . Die gesamte Eisenbeschläge beider Schaufelräder wurde vollständig weggetragen. Die Leiter, die zum Backbord-Paddelkasten führte, war auf außergewöhnliche Weise verdreht. Die Boote auf der Steuerbordseite waren alle verschwunden und die auf der anderen Seite hingen lose an ihren Befestigungen. Insgesamt bot das große Schiff ein höchst melancholisches Schauspiel, als es in den Hafen geschleppt wurde.

Bei dem bereits erwähnten Treffen der Passagiere brachten sie in der ersten Resolution ihre dankbare Anerkennung gegenüber dem allmächtigen Gott für seine freundliche Fürsorge zum Ausdruck, mit der er sie während des Sturms beschützte und sie sicher aus ihrer Gefahrenzone brachte. Der zweite verurteilte die Direktoren und erklärte, dass „die *Great Eastern* völlig unvorbereitet auf See geschickt wurde, um den Stürmen standzuhalten, mit denen jeder bei der Überquerung des Atlantiks rechnen muss; und dass, wenn es nicht die außerordentliche Stärke des Rumpfes und die Geschicklichkeit gegeben hätte, die in der Konstruktion des Schiffes und seiner Motoren zum Ausdruck kam, aller Wahrscheinlichkeit nach jede Seele an Bord umgekommen wäre.“

Es wurde gesagt, dass das Schiff den Sturm leichter überstanden hätte, wenn es schwerer beladen gewesen wäre. Wenn dies zutrifft, ist dies ein Argument für sie . Aber wenn wir die gesamten Umstände dieser und früherer Katastrophen betrachten, können wir nicht umhin, zutiefst beeindruckt von der Tatsache zu sein, dass der *Great Eastern bis zu diesem Zeitpunkt kein faires Spiel hatte* . In ihrer Konstruktion und den allgemeinen Anordnungen gab es einige schwerwiegende und zahlreiche mehr oder weniger triviale Fehler. Von Anfang bis Ende gab es eine Menge grober Misswirtschaft; aber der *Great Eastern* kann mit Recht nicht als gescheitert bezeichnet werden. In letzter Zeit hat sie sich bei der Verlegung von Meerestelegrafenkabeln gute Dienste geleistet, eine Tätigkeit, für die sie hervorragend geeignet ist. Es ist möglich, dass sie noch so manchen wilden Atlantiksturm übersteht und vielleicht der erste einer Rasse schwerfälliger Riesen wird, die noch in der Tiefe wandeln – zur völligen Verwirrung der schüchternen Krächzer und zum immensen Vorteil von die Welt.

Kapitel fünfzehn.

Kurioses Handwerk vieler Länder.

„Viele Männer, viele Köpfe", heißt es im Sprichwort. „Viele Nationen, viele Schiffe" trifft fast gleichermaßen zu. Eine Nation kann ihre Individualität sowohl in der Art ihrer Meeresarchitektur als auch in jeder anderen Richtung zum Ausdruck bringen – beispielsweise in ihrer Nationaltracht, ihren Wohnhäusern, ihrer Ernährung, ihren Vergnügungen; und ein Ethnologe, der die Merkmale eines Volkes untersucht, tut gut daran, seine Schiffe und Boote nicht zu übersehen.

Sogar in Europa, wo man annehmen kann, dass eine fortgeschrittene Zivilisation langsam nationale Merkmale und Besonderheiten glättet und verschiedene nationale Bräuche nach und nach vermischt und vereint, gibt es immer noch erhebliche Unterschiede in der Meeresarchitektur verschiedener Staaten; während zwischen den Schiffen Europas und denen einiger Teile Asiens die Kluft sicherlich breit genug ist, so dass der einzige Punkt der Ähnlichkeit zwischen einem englischen Panzerschiff und einer chinesischen Dschunke darin besteht, dass beide offensichtlich besser für das Meer als für das Land geeignet sind . Wir schlagen nun vor, einige der merkwürdigeren Handwerke zu beschreiben, die verschiedenen Nationen, beginnend mit Europa, eigen sind:

Der holländische Galiot ist für das Auge eines Engländers ein etwas eigenartiges Handwerk; Zweifellos schwer und ungeschickt aussehend, aber trotzdem ein gutes Seeboot. Der Galliot sieht ziemlich gleich aus, egal ob man ihn vom Bug oder vom Heck aus betrachtet, beide sind fast gleich rund. Kiel hat sie kaum; Ihre Böden sind flach, der Rumpf breit und tief und das Ruder sehr breit. An jeder Seite ist ein großes Leebrett aufgehängt, um zu verhindern, dass das Schiff zu viel Spielraum hat. Ihr Rumpf ist leuchtend gelb lackiert und glänzt in der Sonne. Ihre Bollwerke sind hoch; und achtern steht ein Holzhaus, in dem der Kapitän und seine Familie leben und das immer bunt gestrichen ist. Dieser Teil des Schiffes ist ein bemerkenswert gemütlicher Ort, komfortabel eingerichtet und mit der typisch holländischen Sauberkeit und Ordentlichkeit gepflegt. Vorn liegt die Kombüse der Besatzung, ein breiter, niedriger, aber geräumiger Aufbau.

Die Galiot ist mit Rahsegeln am Großmast, einem vorderen und hinteren Großsegel, einem Gaffelbesan und Besan-Gaff-Topsegeln sowie einem hohen Bugspriet ausgerüstet. Ihre Segel sind manchmal weiß, manchmal gebräunt. Wenn der Leser jemals den Hafen von Rotterdam betreten hat, wird er auf viele Beispiele des von uns beschriebenen Fahrzeugs gestoßen sein; und auch wenn er ihre Form nicht völlig billigte oder bewunderte, so muss er doch zumindest von ihrer bemerkenswerten Reinheit und Helligkeit beeindruckt gewesen sein. Ein holländischer Galiot kann fünfzig, achtzig oder sogar hundertfünfzig Tonnen wiegen. Wenn die Niederländer Schiffe von größerer Größe bauen, orientieren sie sich sehr an den englischen Handelsschiffen, wenn auch meist etwas breiter und dicker.

Vor der Küste Portugals treffen wir auf viele verschiedene Arten von Schiffen, wobei sich die Handelsschoner von fast allen anderen Schiffstypen unterscheiden. Breit im Balken und kurz in der Spitze, einige sind am Stiel abgerundet, andere fast quadratisch. Sie sind gedeckt und wiegen zwischen 40 und 100 Tonnen. Sie sind eigenartig getakelt und haben nur die unteren Masten, die in unterschiedlichen Winkeln abgesetzt sind. Die Gaffel des Vorsegels sowie des Großsegels können auf verschiedene Höhen eingestellt werden. Sie verfügen über Vorstagsegel, Fock und fliegende Fock, Gaffel-Topsegel sowie ein großes Rahsegel und Rah-Topsegel. Im Großen und Ganzen handelt es sich um äußerst plumpe Fahrzeuge; aber sie sind sehr leistungsfähige Seeboote und unternehmen Reisen bis nach Südamerika.

Herr WHG Kingston gibt eine anschauliche Beschreibung eines portugiesischen Handwerks, das wir noch nie gesehen haben. Er nennt es „Lissabonbohnenschote" wegen seiner genauen Ähnlichkeit mit diesem Gemüse und behauptet, es handele sich um das merkwürdigste europäische Kunsthandwerk, was wir ohne weiteres glauben können. „Nehmen Sie eine gut gewachsene Bohnenschote", sagt er, „und legen Sie sie auf die konvexe Kante und dann zwei kleine Stöcke, einen in der Mitte und einen am Bug, nach vorne gerichtet, für die Masten, und einen anderen hinein . " der Bug, nach oben gestülpt, für den Bugspriet und ein weiterer nach hinten für einen Boomkin oder Ausleger, und dann haben Sie das betreffende Boot vor sich." Diese Boote tragen ein lateinamerikanisches Segel, segeln sehr schnell und werden auf den Gewässern des Tejo häufig als Fischerboote und Trawler eingesetzt.

Andere interessante Wasserfahrzeuge, die man in Europa antreffen kann, sind die Scamparia und die Feluke des Mittelmeers, die griechische Mystico und die Trabacalo der Adria. Die Gondel, die vielleicht nichts, was auf dem Wasser schwimmt, romantischere und poetischere Assoziationen hervorruft, ist jedem aus Bildern so vertraut und wurde so oft in Geschichten, Lieder und Reiseerzählungen eingeführt, dass wir es tun werden Ich werde nicht zögern, es zu beschreiben.

Auf dem Weg von Europa nach Afrika bemerken wir unter den für dieses Land typischen Wasserfahrzeugen das Diabiah oder Nilboot, ein sehr komfortables Reiseboot für warme Klimazonen. Es ist ein großes Boot und an einem Ende befindet sich ein Haus, in dem die Passagiere nachts schlafen oder tagsüber Zuflucht vor der sengenden Sonnenhitze suchen.

In Asien gibt es eine große Vielfalt an Schiffen und Booten unterschiedlicher Form und Größe, deren Beschreibung uns weit über den uns zur Verfügung stehenden Raum hinausführen würde. Die Dhau der Araber hat ein Gewicht von sechzig bis hundert Tonnen, ist fast vollständig offen und hat einen spitzen Bug, der weit über den Rumpf hinausragt. Auf dem hohen, breiten Heck befindet sich eine überdachte Kajüte, in der sich die Quartiere des Kapitäns und der Passagiere befinden. Das Heck ist meist mit Schnitzereien verziert, wie es früher bei englischen Schiffen der Fall war. Die Dhau trägt nur ein lateinförmiges Segel, und der Mast neigt sich in einem spitzen Winkel nach vorne. Diese Schiffe waren nicht selten in den schändlichen Sklavenhandel an der Ostküste Afrikas verwickelt.

Der Katamaran von Madras kann nur als Boot nach dem „*lucus a non lucendo* "-Prinzip bezeichnet werden, denn er besteht einfach aus drei nebeneinander angeordneten, auf den Bug gerichteten Baumstämmen, die durch zwei Querstücke zusammengehalten werden. Dennoch leistet dieses unhöfliche Floß auf seine Weise gute Dienste, da es bei rauem Wetter das einzige Kommunikationsmittel zwischen den vor Madras liegenden Schiffen und der Küste ist; denn in Madras gibt es keine Anlegestellen, und die Schiffe müssen in der Nähe ankern. Wenn das Meer so hoch ist, dass Boote der gewöhnlichen Art unbrauchbar sind, werden gerne die Dienste der Katamarane in Anspruch genommen.

Die einheimischen Bootsleute bahnen sich, ganz nackt, auf ihren Flößen sitzend, ihren Weg durch die raueste Brandung zu den Schiffen und überbringen Nachrichten vom und zum Land. Der Ruderer treibt sein Boot mit einem ziemlich langen Paddel an. Manchmal wird er von seinem Katamaran ins Meer gespült; aber da er ein erfahrener Schwimmer ist, findet er seinen Sitz normalerweise ohne große Schwierigkeiten wieder, und es kommt selten vor, dass einer dieser Männer ertrinkt.

Wir haben vor einiger Zeit darüber gesprochen, dass die nationalen Merkmale eines Volkes sowohl in seiner Meeresarchitektur als auch in anderen Dingen erkennbar sind, und diese Aussage findet sicherlich reichlich Beispiele im Handwerk der Chinesen. In China finden wir ein äußerst

konservatives Volk, und seine nationale Ausrichtung spiegelt sich zweifellos in seinen Schiffen wider, die sich aller Wahrscheinlichkeit nach seit Jahrhunderten in materieller Hinsicht nicht verändert haben. Ein Chinese würde die Form seiner Kleidung genauso langsam ändern wie seine Schuhe oder die Länge seines Zopfes. Und ein seltsames, altmodisches, halbbarbarisches Aussehen, das ein chinesischer Müll hat.

Chinesische Dschunken sind sehr unterschiedlich groß, weisen jedoch alle die gleiche Architektur auf. Die Segel bestehen in allen Fällen aus bräunlich-gelben Matten, die wie ein Großsegel über den Mast gespannt sind, und sind mit kreuzweise und parallel zueinander angeordneten Bambusstücken versehen, wodurch sie ein wenig wie Jalousien aussehen. Diese Holzstreifen verstärken das Segel und erleichtern das Reffen beim Absenken.

Eine große chinesische Dschunke ragt hoch aus dem Wasser; Es gibt zwei oder mehr Decks achtern über dem Hauptdeck, die mit verschiedenen Ornamenten bemalt und geschnitzt sind. und die Hütten sind oft luxuriös nach himmlischem Geschmack eingerichtet. Wenn Sie sich eine Darstellung einer Dschunke ansehen, werden Sie feststellen, dass das Ruder sehr breit ist und ein wenig dem Ruder eines Kanalkahns ähnelt. Trotz seines primitiven Aussehens hat es doch etwas Malerisches; aber wir glauben, dass wir es lieber auf einem Bild betrachten, als damit über den Atlantik zu segeln.

Auf dem Deck einer Dschunke befindet sich immer ein Josshouse oder Tempel, vor dem die Besatzung ständig Weihrauch, Stöcke und parfümiertes Papier brennen lässt. Wenn auf einem englischen Schiff Windstille herrscht, sollen die Seeleute und Passagiere stets ausprobieren, welche Wirkung das „Pfeifen nach Wind" hat . Anstelle dieser Methode, „den Wind zu erhöhen", formt ein chinesischer Seemann kleine Dschunken aus Papier und lässt sie auf dem Wasser schwimmen, als Versöhnungsdienst für die Gottheit, die sich besonders um das Wohlergehen der Seeleute kümmert.

Das Flussleben Chinas ist sehr merkwürdig. Ein großer Teil der Menschen verbringt sein ganzes Leben auf dem Wasser, während viele, die tagsüber an Land beschäftigt sind, in Booten auf den verschiedenen Flüssen schlafen. Dieser Zustand entspricht in gewissem Maße dem, den Kapitän Marryat in der schönen alten Geschichte „Jacob Faithful" beschrieben hat, in deren ersten Kapiteln wir amüsante Einblicke in das Leben an Bord eines Thames-Flockendampfers erhalten. Aber die Flussbevölkerung Chinas ist in ihrer Lebensweise immer noch eher aquatisch als das Volk der Lastkähne auf der Themse. Die Boote, in denen diese Bevölkerungsschicht lebt, haben vorne und hinten ein Vorzelt aus Bambus und Matten, das tagsüber abgenommen und nachts hochgezogen wird. Bei Sonnenuntergang verankern die Bootsleute ihre Boote in Reihen an Pfählen und bilden so gewissermaßen Bootsterrassen. Wenn an einem Teil des Flusses die Geschäfte stagnieren, bewegt sich der Kapitän des Bootes flussaufwärts oder flussabwärts zu einem anderen Teil. Aufgrund der Form dieser Boote, die in etwa der Hälfte eines längs aufgeschnittenen Eies ähneln, werden sie in der chinesischen Sprache „Eierboote" genannt. Eine große Familie packt sich manchmal in ein Eierboot, das nicht viel mehr als zwölf Fuß lang und sechs Fuß breit ist .

Diese Flussbewohner haben Eigenschaften, die sie fast zu einem besonderen Volk machen. Sie verfügen über einen eigenen Gesetzeskodex, der sich in vielen Punkten von dem unterscheidet, der für die Landgemeinschaft gilt, und die beiden Bevölkerungsgruppen heiraten nicht untereinander. Die Eierboote werden größtenteils von Frauen gesteuert, wie auch auf vielen anderen Bootstypen in China. Reisende berichten, dass diese Flussfamilien ein friedliches und glückliches Leben führen und selten durch Streitigkeiten jeglicher Art gestört werden. Möglicherweise liegt eine Ursache dafür darin, was einige Humoristen als Grund dafür anführten, dass „Vögel in ihren kleinen Nestern zustimmen", nämlich weil es gefährlich wäre, wenn sie „herausfallen" würden. Aber im Ernst: Es sagt viel über die verträgliche Natur dieser chinesischen Flussbewohner aus, dass sie in den engen Grenzen ihrer Eierboote ein so glückliches Leben führen können.

Wenn wir nach Amerika übergehen, werden wir zunächst die berühmten amerikanischen und kanadischen Flussdampfschiffe beschreiben, die in vielerlei Hinsicht ebenso seltsam und einzigartig wie allgemein großartig sind. Diese Dampfer sind normalerweise Paddelboote; sind sehr lang und schmal geformt, aber von großer Festigkeit. Auf dem Rumpf ist eine Art hohe Plattform errichtet, die in das sogenannte Mittel- und Hauptdeck übereinander unterteilt ist. Vorn und hinten gibt es einen geräumigen, luxuriös ausgestatteten und reich verzierten Salon, der mit einem Glasdach bedeckt ist.

Auf jeder Seite des Salons befinden sich die Kabinen mit jeweils zwei Schlafplätzen. Diese Schlafkabinen sind ebenso wie der Salon hübsch eingerichtet und geschmackvoll dekoriert. Über dem Salon befindet sich ein weiteres Deck oder eine Plattform – die gesamte Struktur ist, wie aus unserer Abbildung hervorgeht, weitgehend „geschmückt" – etwa in der Mitte des Schiffes und vor dem Schornstein. Hier befindet sich das Steuerrad, und hier nehmen auch der Kapitän und die Offiziere ihren Platz ein. Dieser Teil des Schiffes bleibt für sie privat und es ist keinem Passagier gestattet, ihn zu betreten.

Unterhalb des Salondecks befindet sich, wie bereits angedeutet, das Mitteldeck, das auch einen eigenen Salon sowie Schlafappartements enthält. Dieser Teil des Dampfers ist normalerweise den unverheirateten Damen unter den Passagieren vorbehalten, die, wie allen Lesern amerikanischer Literatur bewusst sein muss, in Amerika mit einer geradezu ritterlichen Höflichkeit und Rücksichtnahme behandelt werden.

Der Speisesaal des Schiffes befindet sich auf einem dritten und untersten Deck, das von der Mitte des Bootes bis zum Heck reicht, und ist ein gut beleuchteter, übersichtlicher Raum.

Die Ladung wird mittschiffs in großen Haufen aufgetürmt – Passagierboote befördern selten oder nie schwere Güter. Die Leidenschaft der Amerikaner, Zeit zu sparen, zeigt sich auf den Dampfschiffen wie überall sonst auch. Die meisten von ihnen haben einen Friseur an Bord, der Sie während der Reise mit der „einfachen Rasur" versorgt. Der Friseurladen liegt vor der Tür, die Kochräume und andere Büros. Amerikanische Flussboote können natürlich in Einzelheiten variieren, wir haben uns jedoch bemüht , die wichtigsten Merkmale eines typischen Beispiels aufzuzeigen. Die aktuellen Geschichten über die Leichtigkeit, mit der ein amerikanisches Dampfschiff explodiert, sind stark übertrieben, aber dennoch ist es wahrscheinlich wahr, dass sie in diese Richtung des Risikos und der Gefahr weisen.

Von allen Booten der Kanu-Klasse ist das Flugboot des Pazifiks das schnellste. Es trägt ein fast dreieckiges Segel und eine gerade Rahe. Es hat einen Ausleger; und Ausleger, Mast und Rahe sind aus Bambus. Starke Matten bilden das Segel, das sehr flach auf der Rahe gespannt wird. Wenn die Mannschaft ihr Boot in Bewegung setzen will, muss sie lediglich das Segel verschieben, und das, was sich vor dem Bug der Proa befand, wird zum Heck. Diese Boote sind normalerweise mit einer Besatzung von etwa einem halben Dutzend Mann besetzt. Jeweils ein Mann sitzt an beiden Enden des Bootes und übernimmt die Steuerung, je nachdem, auf welchem Kurs sich das Kanu befindet. Die Pflicht der anderen besteht darin, das Boot zu retten und dafür zu sorgen, dass das Segel richtig getrimmt ist.

Wahrscheinlich kann kein schwimmendes Schiff so nah am Wind fliegen wie der Flugproa, und seine Geschwindigkeit ist erstaunlich. Die Malaien benutzen das Proa, aber ihr Boot ist breiter, schwerer und weniger schnell als das der Ladrone-Inselbewohner im Pazifik, das wir gerade beschrieben haben.

Die Kanus der Fidschianer sind denen aller anderen Südseeinselbewohner überlegen. Ihr Hauptmerkmal ist, dass es sich um Doppelkanus handelt, die durch Querbalken miteinander verbunden sind und eine Plattform von zwölf bis fünfzehn Fuß Breite tragen. Von den beiden Kanus ist eines kleiner als das andere und das kleinere dient als Ausleger. Diese Kanus sind manchmal 30 Meter lang, ihre Tiefe beträgt normalerweise etwa 2,10 Meter. Manchmal wird auf der Plattform eine kleine Hütte gebaut. Der Mast ist etwa zehn Meter lang, wird von Spannseilen getragen und ist mit einer Rahe ausgestattet, die ein großes Segel trägt. An beiden Enden des Bootes gibt es kleine Luken, an denen jeweils ein Mitglied der Besatzung sitzt und bereit ist, das Boot zu retten. Die fidschianischen Kanus können auch durch Rudern angetrieben werden, wobei der Ruderer einen etwa drei Meter langen Skull mit breiter Klinge verwendet. Ein großes Kanu kann durch Rudern mit einer Geschwindigkeit von zwei bis drei Meilen pro Stunde durch das Wasser gebracht werden.

Von Zeit zu Zeit wurden verschiedene Experimente zum Bau von Booten und Schiffen mit Doppelhülle durchgeführt, mit dem Ziel, eine erhöhte

Stabilität zu erreichen und so das Wanken und Stampfen gewöhnlicher Schiffe auf ein Minimum zu reduzieren. Das Dampfschiff Castalia war ein ehrgeiziger Versuch in diese Richtung. Sie wurde für den Personenverkehr zwischen England und Frankreich gebaut. Doch die Erwartungen, die an sie gestellt wurden, wurden ihr nicht bewusst .

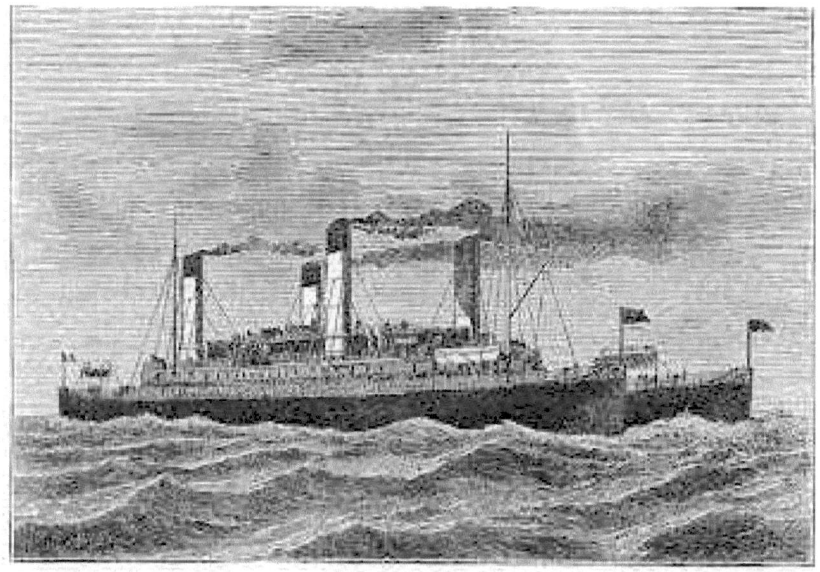

Douvre von Dover nach Calais oder umgekehrt übergesetzt haben, werden sowohl den Komfort als auch die Geschwindigkeit dieses Schiffes bezeugen. Bisher hat sie sich als die vollkommenste Form eines Dampfschiffs erwiesen, die je für den geforderten Zweck gebaut wurde. Die Calais- Douvre ist in gewisser Weise nach dem gleichen Prinzip wie die Castalia gebaut, unterscheidet sich jedoch von diesem Schiff dadurch, dass es sich bei letzterer um zwei miteinander verbundene Halbschiffe handelte, während jedes Doppelschiff der Calais-Douvre für sich genommen ein perfektes Schiff ist. Das Ergebnis war, dass die Castalia ein Misserfolg war, die Calais- Douvre sich jedoch als eindeutiger Erfolg erwies. Sie ist dreihundert Fuß lang und sechzig Fuß breit; Ihre Tonnage beträgt zweitausend und ihr Tiefgang beträgt nur sechs Fuß, so dass sie selbst bei Ebbe in den Hafen von Calais einlaufen kann. Zwei quer verlaufende Eisenträgerschotte verbinden die beiden Schiffsrümpfe; und ihr Lenkapparat ist so einfach und gleichzeitig so effektiv im Aufbau, dass ein Rad normalerweise ausreicht, um ihn zu bedienen. Die Überfahrt von Dover nach Calais dauert normalerweise anderthalb Stunden. aber bei sehr schönem Wetter haben wir selbst die Grenze in weniger als dieser Zeit überquert. Mit der Höchstgeschwindigkeit hat die Calais- Douvre die geringsten Stampf- und Rollbewegungen erreicht, die jemals von einem Kanalboot erreicht wurden. Ihre Salons, Kabinen und Decks sind geräumig und hübsch ausgestattet, so dass die Durchfahrt durch den Ärmelkanal auf diesem Schiff für schlechte Seeleute so günstige Bedingungen bietet, wie es bei jeder Überfahrt auf dem Meer möglich ist.